세상을 바꾼
수학자 50인의 특강

조국향, 김덕영 글 | 박종호 그림

아울북

글

조국향
아울북초등교육연구소에서 어린이 학습 단행본의 기획과 개발을 맡아 했습니다. 〈개념교과서 시리즈〉, 〈오개념탈출 프로젝트〉, 〈초단비 시리즈〉, 〈개념사전〉 등 많은 학습물을 개발하였고, 최근에는 개정된 교육방침에 맞춰 〈교과서 수학 문장제〉를 집필, 새로운 출판 시장 형성에 따라 각종 어플리케이션 개발에 힘쓰고 있습니다.

김덕영
만화 창작팀 그림마루를 결성해 〈수학 개념교과서〉의 개념만화 시나리오와 그림을 그렸습니다. 현재는 프리랜서 만화가로 활동하며, 그린 책으로는 EBS 과학학습만화 〈원더풀사이언스〉와 교원 위즈키즈의 〈오즈의 탐정〉, 국어 관련 학습만화인 〈사고뭉치 시리즈〉 등이 있습니다. 어린이들이 밝고 즐겁게 자라길 희망하며 항상 더 좋은 그림을 그리기 위해 열심히 노력하고 있습니다.

그림

박종호
동아·LG국제 만화페스티벌 〈세상에서 가장 행복한 날〉(1997)과 〈여섯 번째 손가락 이야기〉(2000)으로 상을 받았습니다. 그린 책으로는 〈80일간의 세계일주〉, 〈도전 골든벨〉, 〈초등국어 개념사전〉, 〈이이화 선생님이 들려주는 한국사〉, 〈바로보는 세계사 (1~10권)〉, 〈도전100! 지리교과퀴즈〉 등이 있습니다.

세상을 바꾼 수학자 50인의 특강

글 | 조국향, 김덕영   그림 | 박종호

펴낸이 | 김영곤 **펴낸곳** | ㈜북이십일 아울북
1판 1쇄 | 2011년 7월 28일
1판 5쇄 | 2014년 12월 30일
이사 | 이유남 **교육사업본부장** | 신정숙
팀장 | 김수경 **기획편집** | 김지혜 유하은
아동마케팅 | 변유경 김창훈 유선화
표지 디자인 | 손성희, 엔드디자인 **내지 디자인** | 손성희 **편집** | 다우
주소 | 경기도 파주시 회동길 201(문발동) (413-120)
전화 | 031-955-2100(대표), 031-955-2729(편집)
팩시밀리 | 031-955-2122
홈페이지 | www.book21.com
출판등록 | 2000년 5월 6일 제10-1965호
ISBN 978-89-509-3237-4 73410, (세트) 978-89-509-2807-0
Copyright ⓒ 2011 by book21 아울북, All right reserved

본사와의 협의 없는 무단 복제는 법으로 금지되어 있습니다.

세상을 바꾼 수학자 50인의 특강

조국향, 김덕영 글 | 박종호 그림

아울북

추천사

흥미로운 수학자들의 이야기가 학습에의 흥미로 이어지는 책

아주 옛날 그리스에서 어떤 왕이 물었습니다.
수학을 잘하려면 어떻게 해야 하느냐고요.
그때 왕에게 수학을 가르치던 지혜로운 사람이 답했다고 합니다.
"왕이시여, 세상 모든 곳에는 왕이 가는 길이 따로 있습니다. 그러나 수학 공부에는 그런 길이 없습니다."

이 말은 무슨 뜻일까요? 그렇습니다. 수학을 잘하려면 누구나 거쳐야 하는 길이 있다는 뜻입니다. 그렇다면 그 길은 어떤 길일까요? 말하는 사람마다 이 질문에 다르게 답할 수 있습니다. 그런데 누가 뭐라고 해도 수학에 대한 흥미 없이는 길을 가고 싶은 마음조차 들지 않겠지요.
특히 여러분 또래에는 수학에 대한 흥미가 매우 중요합니다.
그래서 신기한 수학 현상을 체험하고 재미있는 문제를 만나면서 흥미를 키우는 일이 어느 시기보다 절실한 때입니다.

수학 체험과 재미난 문제만큼 흥미를 일으키는 역할을 하는 것이 또 있습니다.

다름 아니라, 수학이 어떻게 생겼고 어떻게 발전해 왔는지 시간 여행을 해보는 것이지요.

보통 수학 언어는 일상 생활에서 안 쓰는 말이 많아서 낯설게 느껴집니다. 그런데 그런 수학 개념을 누가, 언제, 왜, 어떻게 만들었는지 알아간다고 상상해 보세요.

흐름이 잡히면 수학 개념이 한층 살아 움직이는 것처럼 느낄 수 있을 것입니다. 게다가 그런 흐름을 재미있는 그림과 체계있는 설명으로 핵심만 짚어서 말해준다면 어떨까요?

〈수학자 50인의 특강〉이 바로 그런 책입니다.

수천 년 수학 역사를 빛낸 수학자들이 발달시킨 수학 개념의 핵심을 콕 짚어내어 이야기로 엮어 놓았습니다. 뿐만 아니라 수학이 우리 생활 어디에 어떻게 쓰이는지에 대한 이야기도 자연스럽게 녹아 있습니다.

〈수학자 50인의 특강〉을 읽는 사이 여러분의 마음에는 수학이라는 과실이 탐스럽게 익어 가게 될 것입니다.

수학 공부를 하고 싶어서 당장 팔을 걷어부치게 될지도 몰라요.

지금 여러분 손이 〈수학자 50인의 특강〉을 펼치고 있다면, 여러분이 가는 길은 왕이 가는 길입니다.

2011년 7월

모스크바 국립대학교 수학박사 박병하

박병하

차례

| 추천사 | 4 |
| 차례 | 6 |

1 고대 그리스 수학

01	탈레스	비례로 길이를 계산하다	10
02	피타고라스	피타고라스의 정리를 증명하다	14
03	히포크라테스	작도 불능 문제에 도전하다	18
04	플라톤	정다면체를 정의하다	22
05	에우독소스	한없이 잘게 잘라 입체의 부피를 구하다	26
06	아르키메데스	원주율을 계산하다	30
07	에라토스테네스	소수(素數)를 '체'로 걸러내다	34
08	유클리드	수학을 체계적으로 정리하다	38
09	아폴로니우스	원뿔에 숨겨진 다양한 곡선을 연구하다	42
10	히파르코스	삼각을 측량하다	46
11	디오판토스	기호와 문자로 식을 단순화시키다	50

2 중세 수학

12	브라마굽타	0을 숫자로 인정하다	56
13	무하마드 이븐무사 알콰리즈미	이차방정식의 근을 판별하다	60
14	레오나르도 피보나치	피보나치 수열을 제안하다	64

3 근대 수학

15	미하엘 슈티펠	지수를 사용하여 거듭제곱을 나타내다	70
16	지롤라모 카르다노	도박에서 확률을 연구하다	74
17	프랑수아 비에트	수의 계산에서 문자의 계산으로	78
18	시몬 스테빈	소수를 표기하다	82
19	존 네이피어	로그를 발명하다	86
20	토마스 해리엇	최초로 인수분해를 사용하다	90
21	르네 데카르트	좌표를 고안하다	94
22	피에르 페르마	360년간 풀리지 않은 문제를 제시하다	98
23	블레즈 파스칼	신비한 수의 삼각형을 연구하다	102
24	아이작 뉴턴	변화를 측정하는 미분	106

25	야곱 베르누이	사이클로이드를 증명하다	110
26	아브라함 드무아브르	정규분포곡선을 발견하다	114
27	레온하르트 오일러	다면체를 구별하는 식을 만들다	118
28	카를 프리드리히 가우스	오차를 최소화시킨 값을 예측하다	122
29	아우구스트 뫼비우스	뫼비우스의 띠를 발견하다	126
30	로바체프스키	비유클리드 기하학을 발표하다	130
31	윌리엄 해밀턴	경로의 조건을 따지다	134
32	페터 디리클레	집합 사이를 대응시키다	138
33	닐스 헨리크 아벨	특정한 수의 모임을 만들다	142
34	게오르크 리만	어떠한 형태의 넓이라도 계산할 수 있는 적분	146
35	아서 케일리	행렬의 특수한 정리를 찾다	150
36	리하르트 데데킨트	실수를 정의하다	154
37	존 벤	벤 다이어그램을 고안하다	158

4 현대 수학

38	게오르크 칸토어	무한 개를 비교하다	164
39	앙리 푸앵카레	우주의 모양을 추측하다	168
40	칼 피어슨	집단의 비교를 통해 통계학의 새 길을 열다	172
41	주세페 페아노	자연수를 정의하다	176
42	버트런트 러셀	수학의 모순을 찾아내다	180
43	에미 뇌터	추상대수학의 기초를 세우다	184
44	조지 폴리아	문제 해결의 4단계를 창시하다	188
45	헤르만 베일	벡터를 체계화시키다	192
46	로널드 피셔	표본으로부터 전체의 값을 추정하다	196
47	앨런 튜링	수학을 이용해 암호를 해독하다	200
48	베누아 만델브로트	단순함 속에 숨어있는 복잡함, 프랙탈	204
49	볼프강 하켄	4색 문제를 증명하다	208
50	존 내쉬	균형이론으로 선택의 기준을 제시하다	212

수학사 연표	216
찾아보기	218
사진 출처	219
교과 연계표	220

1 고대 그리스 수학

기원전에 이미 지금 배우는 수학 교과서의 내용이 절반이 있었다고? 문명이 발생한 이집트나 바빌로니아의 수학을 고대 그리스 사람들이 흡수해서 정리하고 또 발전시켰지. 각자의 철학에 근거를 두고 수학을 했기 때문에 지금과는 전혀 다른 사실을 굳건히 믿기도 했어. 무에서 유를 창조하는 것은 그만큼 어려운 일이야.

01 탈레스
02 피타고라스
03 히포크라테스
04 플라톤
05 에우독소스
06 아르키메데스
07 에라토스테네스
08 유클리드
09 아폴로니우스
10 히파르코스
11 디오판토스

01 탈레스
비례로 길이를 계산하다

Thales(기원전 624년?~기원전 546년?)
그리스 최초의 철학자, 수학자. 수학적 발견과 관련되어 알려진 최초의 인물.

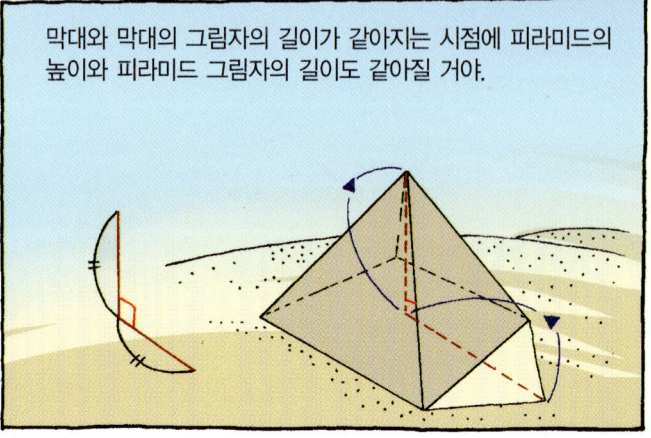

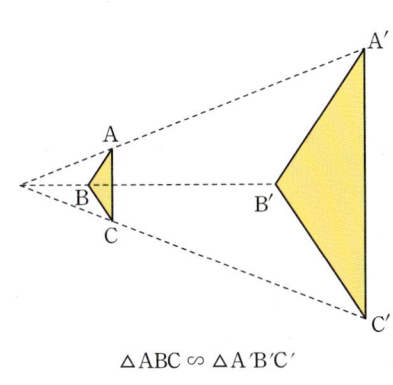

닮음비

어떤 도형을 일정하게 3배로 늘였다면, 대응되는 각 변의 길이의 비도 1:3이 되는 거야. 이렇게 닮은 두 도형의 대응하는 부분의 비를 **닮음비**라고 해.

닮음비를 알면 이 비율을 이용하여 모르는 변의 길이를 알아낼 수 있어. 대신에 각은 변하지 않아. 각이 변한다면 모양이 달라지거든.

또한 닮음비를 알면 넓이의 비를 알 수 있어. 닮음비의 제곱의 비가 넓이의 비야. 즉 닮음비가 1:3이라면 넓이의 비는 $1^2:3^2=1:9$가 되지.

* 닮음인 두 평면도형
  · 대응하는 변의 길이의 비가 일정하다.
  · 대응하는 각의 크기가 각각 같다.

* 닮음인 두 입체도형
  · 대응하는 모서리의 길이의 비가 일정하다.
  · 대응하는 면은 닮은 도형이다.

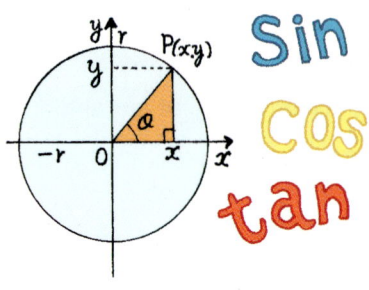

수학적 발견을 정리한 최초의 인물
탈레스

그리스 최초의 철학자이자 수학자인 탈레스는 기원전 620년경에 그리스 이오니아 해안의 밀레토스라는 마을에서 태어났어. 상인인 아버지를 따라다니면서 재산을 모아 이집트에서 유학했지. 그곳에서 수학과 천문학을 배워 기원전 585년 5월 28일에 일식이 일어날 것을 예언하면서 세상 사람들을 놀라게 했어.

천문학에 대해 지식이 많았던 탈레스는 태양의 궤도를 처음으로 살펴 밝혀냈고, 태양의 크기와 달의 크기에 대해서도 언급했어. 또한 1년을 365일로 나누는 방법도 생각해냈지.

그는 여러 지역을 돌면서 지식을 수집했고, 그리스에 돌아와서 수집한 지식을 정리하고 또 전수했어. 모든 것이 탈레스만의 독창적인 아이디어로 인한 증명은 아니지만 이렇게 수학적 발견을 정리한 것은 그가 최초야.

물론 탈레스가 직접 발견하여 정리한 것도 있어.

그는 삼각형의 닮음을 이용하여 먼 바다에 떠 있는 배까지의 거리를 측정하기도 했고, 그림자의 길이를 이용하여 피라미드의 높이를 알아내기도 했지.

사실 탈레스의 일화와 업적은 모두 사실이 아닐 수도 있어. 그만큼 그와 관련된 자료는 부족해. 하지만 그에게 이런 이야기들이 생길 만큼의 충분한 명성을 가지고 있었음은 확실해.

● **탈레스의 연구와 관련된 학문**
수학, 철학

● **밀레토스 학파의 시조**
* 밀레토스 학파 : 자연 현상을 신의 존재로만 여기지 않고, 자연을 이해하며 그 원인을 밝히고자 했던 집단.

● **관련 수학자**

▶ 기원전 7세기 **탈레스** ▶ 기원전 2세기 히파르코스 ▶ 100년 메넬라우스 ▶ 18세기 요한 베르누이
닮음비를 사용함. 삼각법을 체계적으로 연구함. 구면삼각법에 관하여 최초로 연구함. 복소변수의 삼각함수를 연구함.

아직도 밝혀지지 않은 마찰전기의 원인

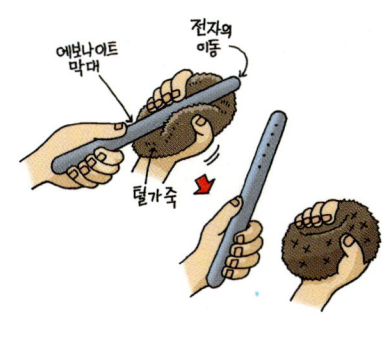

서로 다른 물질을 마찰시켰을 때 그 표면에 정전기가 생기지? 정전기는 전기현상의 근원이라고 볼 수 있어. 전기는 양전기(+)와 음전기(-) 두 가지가 있는데 문지르는 물질의 종류에 따라서 생기는 전기의 종류와 양도 달라.

일반적으로 모피 → 유리 → 운모 → 비단 → 면포 → 목재 → 플라스틱 → 금속 → 황 → 에보나이트의 순서로 두 물질을 마찰하면 왼쪽에 있는 물질은 양전기, 오른쪽에 있는 물질은 음전기를 띠게 돼. 예를 들어 유리를 비단으로 문지르면 유리에 양전기가 생기고, 모피로 문지르면 유리에 음전기가 생겨. 이 현상은 기원전 600년경 탈레스가 호박(누런색 광물, 예쁜 것은 장신구로 사용)을 마찰했을 때 발견된 전기현상인데, 그 원인에 대해서는 아직도 밝혀지지 않았어.

02 피타고라스
피타고라스의 정리를 증명하다

Pytagoras

Pythagoras(기원전 582년?~기원전 497년?)
고대 그리스의 철학자, 수학자. 피타고라스의 정리를 최초로 증명함.

피타고라스의 정리

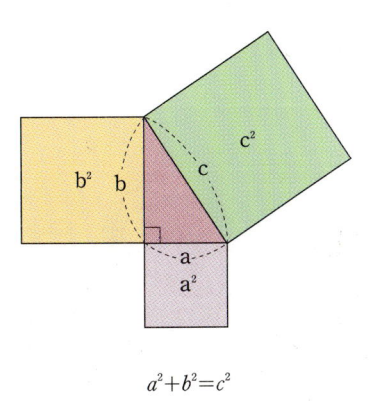

피타고라스의 정리 덕택에 우리는 직각삼각형에서 두 변의 길이만 알면 나머지 한 변의 길이를 간단한 계산으로 구할 수 있게 되었어. 세 변 a, b, c가 있고 변 c의 대응각이 직각일 때, 세 변의 길이는 $a^2+b^2=c^2$의 공식을 언제나 만족하거든. 이 식을 처음으로 논리적으로 증명한 사람이 바로 피타고라스이기에 직각삼각형의 정리가 아닌 **피타고라스의 정리**로 불리게 되었지. 이 정리는 반대도 성립해. 만일 $a^2+b^2=c^2$의 식을 만족하는 세 변이 있다면 변 c의 대응각은 직각이야.

피타고라스의 정리를 최초로 증명한
피타고라스

● **피타고라스의 연구와 관련된 학문**
종교, 철학, 수학

수학을 아무리 싫어하는 사람이라도 '피타고라스 정리'라는 말은 들어보았을 거야. 피타고라스는 피타고라스 학파를 만들어 수많은 업적을 남겼어. 물론 이 업적은 피타고라스의 좌우명과 학파의 근본 교리인 '수가 만물의 근원'이라는 생각 아래에서 생긴 것이지.

피타고라스는 기원전 6세기경 그리스의 항구도시 크로토나에서 피타고라스 학교를 만들었어. 이 학교는 수학뿐만 아니라 철학, 자연과학 등의 연구를 했고, 비밀스럽고 신비한 의식과 계율이 있었어. 거의 종교단체와 같았지. 피타고라스와 제자들은 피타고라스의 정리를 증명함은 물론, 다섯 개의 정다면체를 발견해 냈고, 삼각형의 내각의 합이 180°인 것, 황금분할의 작도법, 정오각형의 작도법까지 증명을 해내고, 무리수를 발견했어. 무리수의 발견은 피타고라스와 제자들도 당분간 인정하지 않았던 수학사에 거대한 전향점이 된 사건이야.

또한 수의 신비와 관련하여 친화수, 완전수, 부족수, 과잉수 등을 발견해 내고 음악을 수로 풀어 음정이 수의 비와 관련이 있다는 것도 밝혀내 수학의 영역을 넓혔지. 사실 우리가 알고 있는 피타고라스의 업적은 그 자신의 업적인지 피타고라스 학파의 업적인지 애매해. 그러나 피타고라스 학파의 기특한 제자들은 신과 같은 존재인 피타고라스에게 모든 업적을 기꺼이 돌렸대.

● **관련 수학자**

▶ 기원전 2000년경 이집트	▶ 기원전 540년경 피타고라스	▶ 기원전 3세기 유클리드	▶ 1907년 루미스
$3^2+4^2=5^2$의 사실 앎.	피타고라스의 수, 피타고라스의 정리를 증명함.	피타고라스의 정리를 수의 쌍을 찾는 방법으로 증명함.	피타고라스의 정리 증명법이 367가지가 실린 책을 발간함.

피타고라스 학파의 비밀스러운 활동

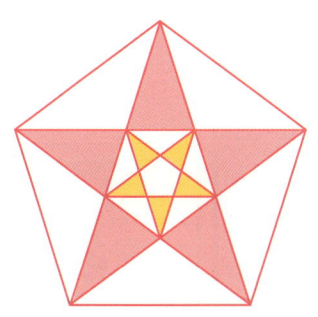

펜타그램

피타고라스 학파에는 600여명이나 되는 제자들이 있었어. 이 학파는 수를 중심으로 연구를 했는데, 종교적 성향이 매우 강했지. 우선 학파에 들어오려면 전재산을 기부해야 했어. 대신 탈퇴할 때는 기부한 재산의 2배를 가지고 나가고 기념비를 세워주기도 했지. 그들의 이런 단체행동이 못마땅한 반대 세력들은 피타고라스 학교를 불태우고 피타고라스의 많은 제자들을 죽이기도 했어. 피타고라스 학파는 수학이라는 실질적인 학문을 연구하는 단체이기도 하면서 펜타그램이 가지는 황금비를 신비롭게 여겨 부적처럼 몸에 지니고 다니거나, 우주의 모양을 닮았다는 이유로 콩을 먹지 않는 등 각종 미신적인 의식을 치르는 두 가지 면을 모두 보였어.

03 히포크라테스
작도 불능 문제에 도전하다

Hippocrates

Hippocrates(기원전 450년?~기원전 400년?)
고대 그리스의 수학자. 초승달 문제를 풀이함.

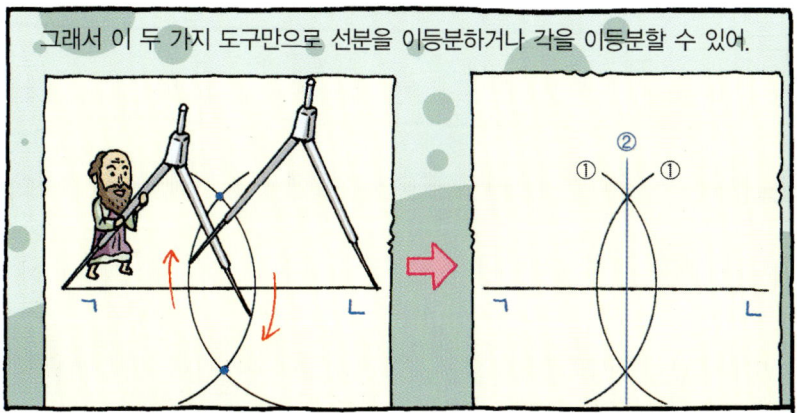

태극기 작도하기

자와 컴퍼스를 이용하여 정확한 태극기를 작도해 보자.
태극기는 가로와 세로의 비가 3:2야. 태극 무늬는 태극기의 한 가운데에 있으며 이를 그리기 위해서는 바탕에 대각선을 그어 교차하는 점을 컴퍼스의 중심으로 하여 원을 그려. 이때 지름은 세로의 절반이야.
또한 태극기에는 건, 곤, 감, 이의 네 괘가 있어. 이 괘는 태극 무늬로부터 지름의 $\frac{1}{4}$만큼 띄우고, 지름의 절반 길이로 그려. 괘는 두 대각선과 각각 직각을 이루게 그려야 해.

평생을 작도 불능 문제에 도전한
히포크라테스

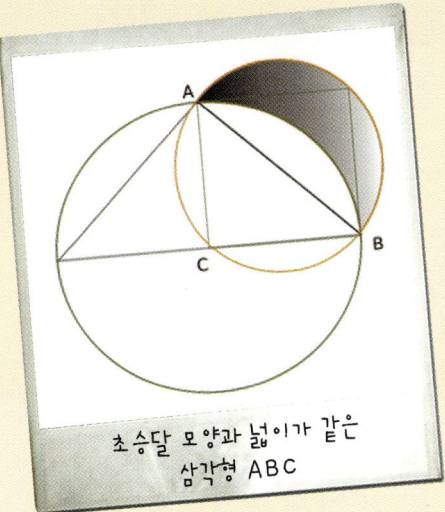

초승달 모양과 넓이가 같은 삼각형 ABC

● **히포크라테스의 연구와 관련된 학문**
수학

● **저서**
기하학 원론

수학자 히포크라테스는 기원전 5세기 에게해 키오스섬에서 태어났어. 처음에는 수학하고는 거리가 먼 상인으로 활동했지. 그러나 그는 기하학에 관심을 가지면서 처음으로 공리와 공준을 만들어 논리적인 방법으로 〈기하학 원론〉을 저술했어. 이것은 유클리드의 〈기하학 원론〉보다 100년이나 앞선 거야. 그의 가장 큰 업적 중 하나가 초승달 문제의 해답을 발견한 것이라고 할 수 있어. 당시에는 눈금 없는 자와 컴퍼스만으로 도형을 작도하고 연구하기를 즐겼는데, 어떤 방법으로도 작도를 할 수 없는 몇 개의 문제가 있었어. 그중 하나가 어떤 원과 면적이 같은 정사각형을 그려내는 것이었어. 이 문제를 풀어내려고 히포크라테스 외 많은 수학자들이 연구에 연구를 거듭했지만 이 문제 자체가 자와 컴퍼스만 가지고는 그릴 수 없다는 것이 19세기가 되어서야 증명되었어.

그러나 이 문제를 해결하려는 노력을 통해 히포크라테스는 초승달 모양의 도형의 넓이를 삼각형의 넓이로 변환을 시킬 수 있게 되었어. 이 발견으로 인해 직선으로 둘러싸여 있는 도형의 넓이와 같은 곡선도형이 있다는 것이 세상에 알려졌지.

수학자 히포크라테스와 동시대에 살았던 의사 히포크라테스가 있어. 의사 히포크라테스도 의학의 아버지라 불리며 그 분야에서 최고로 꼽혀.

● **관련 수학자**

▶ 기원전 4세기경 **히포크라테스**	▶ 1771년 오일러	▶ 1796년 가우스	▶ 1882년 린데만
면적 변환되는 초승달 모양을 3가지 찾아냄.	면적 변환되는 초승달 모양을 2가지 더 찾아냄.	정 7, 9, 11, 13각형은 작도 불가능함을 증명. 정17각형은 작도 가능하다는 사실을 증명함.	원과 같은 넓이를 가진 정사각형을 자와 컴퍼스만으로 작도할 수 없음을 증명함.

제도기 하나면 충분하다고?

오래 전 도형을 그릴 때에는 눈금 없는 자와 컴퍼스만을 사용했지만 시간이 흐르면서 필요에 의해 새로운 도구들이 많이 많이 생겨났어. 직선이 아니라 곡선을 편리하게 그리기 위해 곡선자가 나온 것도 하나의 예야.

또 T자는 알파벳 'T'를 닮았어. 제도판의 왼쪽 가장자리에 T의 머리부분을 맞춰놓고 위아래로 이동하여 평행인 수평선을 쉽게 그을 수 있어.

이제는 제도기 하나로 간편히 작도가 가능해. 제도기는 T자, 삼각자, 눈금자, 분도기 등의 기능을 갖추고 있어 작업을 능률적으로 할 수 있거든. 자 2개가 가로와 세로 직각으로 위치해 있어 제도판 위를 자유롭게 평행이동할 수 있고, 손잡이 부분에는 각도 눈금이 붙어 있어 어떤 각도로든 쉽게 직선을 그을 수 있지.

04 플라톤
정다면체를 정의하다

Platon(기원전 427년~기원전 347년)
고대 그리스의 철학자, 형이상학의 수립자, 기하학을 중시한 철학자.

안녕? 난 고대 그리스의 철학자 플라톤이란다.

헬로우~

내가 세운 학교 '아카데메이아'의 입구에는 이런 문구가 쓰여 있어.

기하학을 모르는 자는 이곳에 들어올 자격이 없다.

기하학은 도형을 다루는 학문으로 고대 이집트에서 토지를 측량할 때 사용한 수학의 한 분야야.

나일 강이 범람해서 농토 경계가 모두 지워져 버렸네. 다시 나누자.

그런데 철학자가 왠 수학 얘기냐고?

어허~ 영역 침범하지 맙시다.

난 참된 배움을 설명하기 위해 수학, 그중에서도 기하학을 많이 사용했어

철학을 배우기 전에 수학부터 알아야 해.

예를 들어 머릿속에 '원'을 떠올려보자.

누구나 이렇게 완벽한 형태의 원을 떠올릴 수 있을 거야.

완벽한 원이란 무엇일까? 원의 정의에 대해서 알아볼까?

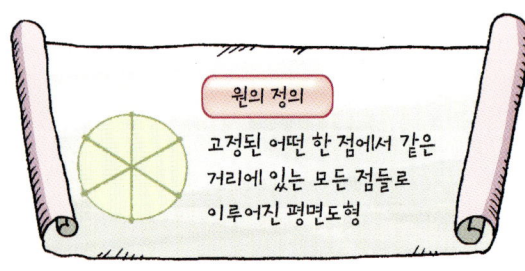

원의 정의
고정된 어떤 한 점에서 같은 거리에 있는 모든 점들로 이루어진 평면도형

하지만 실제로 원을 그려 보면 어떨까? 형태는 비슷할지 모르지만 원의 정의대로 정확히 그리기는 불가능할 거야.

비슷? 찌글? 에잇

평면도형과 입체도형

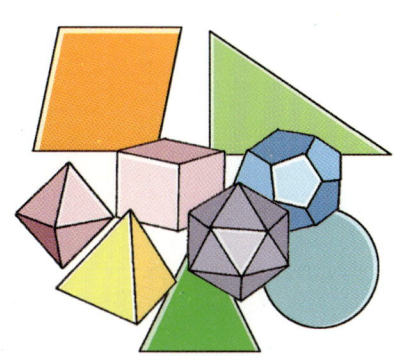

점, 선, 면, 입체 이 4개를 기초도형이라 하고 기초도형을 여러 가지 규칙을 가지고 만든 것이 우리가 흔히 보는 도형이야. 도형에는 평면도형과 입체도형이 있지.

* 평면도형 – 평면 위에 있는 도형을 말해. 원, 타원, 사다리꼴, 마름모, 그리고 삼각형, 사각형 같은 다각형이 여기에 해당돼. (특히 다각형은 변의 개수에 따라 이름이 정해져. 변이 4개이면 사각형이야.)
* 입체도형 – 공간(입체) 안에 있는 도형을 말해. 구, 원기둥, 원뿔, 각기둥, 각뿔, 다면체들이 여기에 속하지.

가장 가볍고 날카로운 원소인 '불'은 정사면체.

가장 안정된 원소인 '흙'은 정육면체.

가장 유동적인 원소인 '물'은 가장 쉽게 구를 수 있는 정이십면체.

불안정한 원소인 '공기'는 바람이 불면 돌아가는 정팔면체.

마지막 정십이면체는 우주 전체의 형태를 나타내는 거지.

12란 숫자는 동서양을 막론하고 우주와 깊은 관련성이 있다고 여겨졌거든.

12지신.

별자리가 12개.

그런데 정다면체가 5개밖에 없다는 건 어떻게 알 수 있었냐고?

정다면체가 되려면 다음과 같은 조건이 충족 되어야 해.

1. 한 개의 꼭짓점에서 세 개 이상의 면이 모여야 다면체가 된다.
2. 이때 각 꼭짓각의 합은 360°보다 작아야 한다.
3. 다면체를 구성하는 면은 합동이고 최소 3면으로 구성되므로 꼭짓각의 크기는 같기에 모든 꼭짓각의 크기는 $\frac{360°}{3}=120°$ 보다 작아야 한다.

그리고 정육면체의 모서리의 중점을 따라 자르면 정팔면체가 나와. 반대로 정팔면체의 모서리의 중점을 따라 자르면 정육면체가 나오지.

이것을 쌍대성이라고 해.

쌍대성을 이루는 도형끼리 면과 꼭짓점의 수가 서로 바뀌지?

쌍대성을 이용하면 정다면체의 면, 모서리, 꼭짓점의 개수를 쉽게 외울 수 있어.

* 오일러의 정리 : (모서리의 수)=(면의 수)+(꼭짓점의 수)-2

	정사면체	정육면체	정팔면체	정십이면체	정이십면체
면	4	6	8	12	20
꼭짓점	4	8	6	20	12
모서리	6	12	12	30	30

덕분에 정다면체는 '플라톤의 입체도형'이란 별명이 붙게 되었지.

흠, 자연의 형상을 통해 도형의 정의를 내렸을뿐.

우주의 원리를 수학으로 설명한
플라톤

플라톤

- **플라톤의 연구와 관련된 학문**
  수학, 철학, 과학
- **저서**
  티마이오스 (기원전 367년경)

플라톤은 수학보다는 철학자로서 더 많이 알려진 인물이야. 그리스 귀족 출신인 그는 정치에 뜻을 품었지만, 스승인 소크라테스가 사형되는 것을 보고 정치보다는 인간의 본질을 알고자 철학에 대해 탐구하기 시작했지.

플라톤은 철학뿐 아니라 수학에도 많은 관심을 보였는데, 우주의 원리를 설명하기 위해 수학의 개념을 이용했어. 특히 그가 세운 학교인 아카데메이아의 입구에는 '기하학을 모르는 자는 이곳에 들어올 자격이 없다' 라는 문구가 쓰여 있을 정도로 수학을 중시했지.

플라톤은 세상은 불, 물, 공기, 흙 4가지 원소가 완벽한 수학적 질서로 균형을 이루고 있다고 주장했어. 이들 원소는 작은 입체로 이루어져있는데 그중 가장 완벽한 입체인 정다면체로 되어 있다고 생각했지. 그는 각 다면체가 보이는 특징에 따라 정사면체에는 불, 정육면체는 흙, 정팔면체는 공기, 정이십면체는 물을 대응시켰지. 또 정십이면체는 우주 전체를 나타낸다고 믿었어. 12란 숫자는 동서양을 막론하고 우주와 깊은 연관성이 있다고 생각했거든.

플라톤은 정다면체를 새로이 정의하고 정다면체가 될 수 있는 조건을 밝혀내는 등, 기하학 분야에서 많은 업적을 세웠어. 덕분에 정다면체는 '플라톤의 입체도형' 이라는 별명까지 얻었어.

- **관련 수학자**

▶ 기원전 4세기 플라톤	▶ 15세기경 레오나르도 다빈치	▶ 1596년 케플러	▶ 18세기 오일러
정다면체에 4원소를 대입함.	입체기하학을 연구함.	태양계에 정다면체를 대입시킴.	오일러의 다면체 정리를 발표함.

케플러와 행성과 정다면체, 이 셋에 무슨 일이?

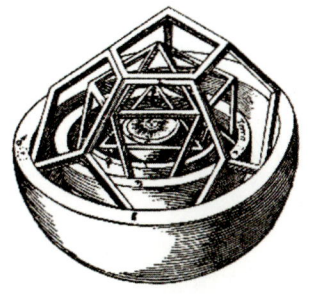
케플러의 정다면체 구조 태양계 모형

케플러는 행성의 운동에 대한 많은 업적을 세운 과학자야. 그 당시에는 알려진 행성이 수성, 금성, 지구, 화성, 목성, 토성 여섯 개 뿐이었어. 케플러는 플라톤과 마찬가지로 정다면체가 다섯 개 밖에 없다는 사실에 큰 의미를 두었어. 그는 큰 구를 가져와 토성의 궤도로 정의했어. 그리고 그 안에 꼭 맞는 정다면체를 만들고 만든 정다면체 안에 꼭 맞는 구를 또 만들었지. 이 구는 목성의 궤도를 뜻해. 이렇게 구와 정다면체로 행성들의 궤도를 만들었어. 그는 이런 식으로 정다면체가 다섯 개 밖에 없다는 사실이 여섯 개의 행성이 존재한다는 사실을 설명할 것이라 생각했거든. 하지만 나중에 태양계 천체가 발견됨으로써 그의 이론은 물거품이 되고 말았지.

05 에우독소스
한없이 잘게 잘라 입체의 부피를 구하다

Eudoxos

Eudoxos(기원전 400년?~기원전 350년?)
고대 그리스의 수학자. 구분구적법으로 각뿔의 부피를 증명함.

여러분 안녕? 난 입체도형에 관심이 많았던 에우독소스야.

난 주어진 정육면체의 2배의 부피를 가지는 정육면체를 작도하는 법을 내 나름대로 풀어 보인 것으로 유명해.

이 해법으로 도형의 부피와 비례에 대한 연구를 한층 발전시켰거든.

못믿겠으면 유클리드의 〈기하학 원론〉 제5권을 보라고~.

이 외에도 도형의 넓이나 부피 사이의 식을 증명하는데 많은 노력을 기울였어.

원의 넓이는 그 반지름의 제곱에 비례합니다.

친구들! 뿔 모양으로 생긴 입체도형의 부피를 어떻게 구할까?

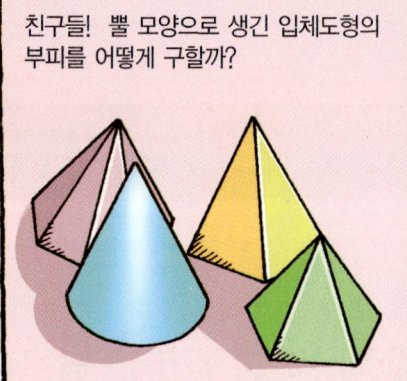

그 방법은 밑면의 모양이 같은 각기둥이나 원기둥의 부피의 $\frac{1}{3}$을 구하는 거야.

원뿔의 부피는 원기둥의 $\frac{1}{3}$이라네.

이 사실은 고대 수학자들도 알고 있었어.

(각뿔의 부피) = (각기둥의 부피) × $\frac{1}{3}$

이 공식 참 유용해. ㅎㅎ~

그러나 도대체 왜? 왜 $\frac{1}{3}$일까?

나를 비롯한 여러 수학자들은 왜 $\frac{1}{3}$인지에 대한 문제를 증명하기에 나섰어.

그냥 못넘어가. 이유를 밝혀내겠어!

부피의 단위

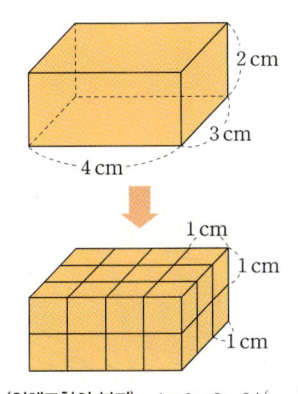

(입체도형의 부피)=4×3×2=24(cm³)

입체도형의 부피를 나타내기 위해서 한 모서리가 1cm인 정육면체의 부피를 단위로 사용해. 이 정육면체의 부피를 **1cm³**고 하고, **일 세제곱센티미터**라고 읽어. 그래서 직육면체의 부피를 구할 때, (가로)×(세로)×(높이)를 하는 것은 결국 사용된 1cm³짜리 정육면체가 몇 개인가를 아는 것과 같은 의미야.

반면, 조금 더 큰 입체도형의 부피를 나타내기 위하여 한 모서리가 1m인 정육면체의 부피를 단위로 사용해. 이 정육면체의 부피를 **1m³**라 하고, **일 세제곱미터**라고 읽어.

1cm³의 1000000배가 1m³야.

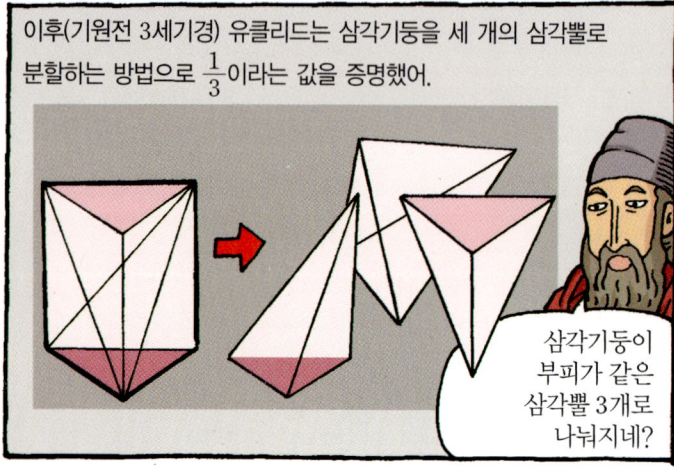

한번에 구할 수 없다면 무한히 잘라보자
에우독소스

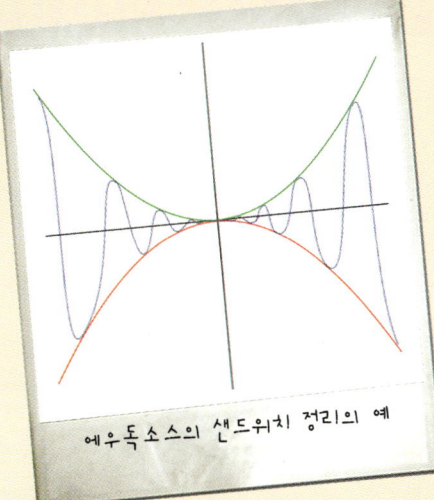

● 에우독소스의 연구와 관련된 학문
수학, 천문학

고대 그리스의 수학자 에우독소스는 천문학자로서도 유명해. 그는 기원전 400년경에 소아시아의 쿠니도스에서 태어났다고는 알려졌지만 태어난 연도는 정확하지 않아. 당시 피타고라스 학파의 대학자인 아르큐타스에게서 기하학을 배웠고, 테오메돈에게서는 의학을, 플라톤에게서 철학을 배웠지.

지금껏 우리가 유용하게 사용하는 정리인 '원의 넓이는 그 반지름의 제곱에 비례한다'는 말은 에우독소스가 처음 했어. 그는 주어진 정육면체의 2배의 부피를 가진 정육면체를 작도하는 문제를 연구하여 누구의 도움이 없이 자기만의 방법으로 풀어냈으며, 황금분할 이론을 발전시키기도 했어. 그래서 그의 별명 중 하나가 비례의 달인이지.

또한 도형을 무한대로 잘라내는 방법(착출법)으로 각뿔과 원뿔의 부피가 밑면과 높이가 같은 각기둥과 원기둥의 부피의 $\frac{1}{3}$인 것을 증명해냈어. 이때 사용한 방법은 지금의 '구분구적법'과 매우 흡사해. 구분구적법이란 도형을 쪼개서 그 넓이를 구해내는 방법이거든.

그는 당시 알려져 있는 지식을 최대한 활용하여 새로운 증명을 많이 해냈지. 이러한 그의 업적은 유클리드의 〈기하학 원론〉 제5권에 정리되어 있어.

● 관련 수학자

▶ **기원전 4세기 에우독소스**
원시적인 형태의 극한법인 착출법을 고안함.

▶ 기원전 3세기 유클리드
각뿔의 부피 공식을 삼각뿔로 분할하여 증명함.

▶ 16세기 말 케플러
무한 번의 계산에서 점점 작아지는 아주 작은 양은 무시될 수 있다고 생각하는 무한소 해석을 주장함.

▶ 17세기 말 뉴턴, 라이프니츠
미적분학을 창시함.

부피와 겉넓이는 비례하지 않는다?

큰 직육면체가 있어. 이 직육면체를 여러 조각으로 나누어도 그 부피는 변하지 않아. 하지만 겉넓이에는 분명 변화가 생겨.

겉넓이란 입체도형의 겉의 넓이를 모두 더한 값이잖아. 직육면체를 자르면 보이지 않던 안쪽 면이 새로운 겉의 면이 돼. 그래서 감자를 얇게 썰어서 튀기거나, 두부를 작게 조각내어 요리하면 같은 양(부피)을 넣더라도 자르지 않았을 때보다 더 빨리 익어. 데워지는 겉의 면적이 넓어졌기 때문이야.

반면, 초콜릿 여러 개를 하나씩 포장하는 것보다 전체를 한꺼번에 포장하는 것이 포장지가 덜 드는 경우처럼 같은 부피에 대해 겉넓이가 줄어드는 경우도 있어.

06 아르키메데스
원주율을 계산하다

Archimedes(기원전 287년?~기원전 212년)
고대 그리스의 수학자, 물리학자. 원주율을 소수 둘째 자리까지 정확히 구함.

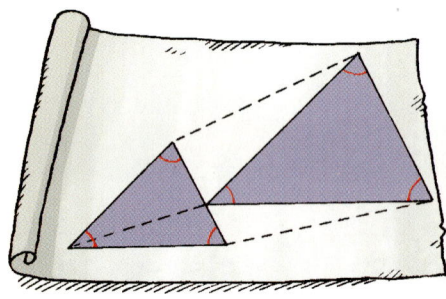
모양은 같지만 크기가 다른 두 도형을 닮았다고 해.

닮음이면 둘 중 어느 하나를 확대하거나 축소해 완전히 포갤 수 있어.

닮음 관계인 도형끼리는 한 도형의 치수만 알아도 다른 도형의 치수를 구할 수 있지. 길이의 비가 같거든.
2배 크기면 6cm, $\frac{1}{2}$배이면 1.5cm.

세상의 원들은
세상은 아름답도다.

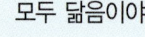
모두 닮음이야.
원 위의 한 점은 중심과의 거리가 모두 같아.

따라서 원의 지름에 대한 원의 둘레의 비는 일정할 거야.
닮은 관계는 비율이 일정하니까!
이것이 바로 원주율이지.

원주율은 기원전 4000년 경에 바빌로니아에서 발견되었어.
여기에 뭔가 규칙이 있는 것 같아.

고대인들은 원주율에 대한 정확한 계산이, 존재하는 모든 숨겨진 비밀에 대한 열쇠라고 생각했어.
원주율을 구하면 모든 궁금증이 풀릴 거야.

나 역시 그 열쇠를 찾기 위해 노력했어.
아우, 도대체 어떤 거지?

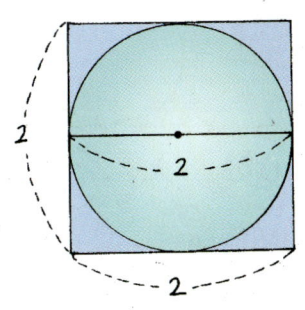
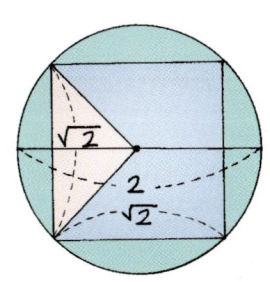

원주율 발견의 역사

약 150년경	그리스의 천문학자 프톨레마이오스가 그의 저서 〈수학대계〉에서 π를 3.1416으로 사용했어.
약 480년경	중국의 조충지가 π의 값을 소수 여섯째 자리까지 정확히 만들었어.
약 1150년경	인도 수학자 바스카라는 π의 값을 $\frac{3927}{1250}=3.1416$으로 사용했지.
1767년	독일 수학자 람베르트는 π가 무리수임을 증명해냈어.
1882년	독일 수학자 린데만은 π가 초월수임을 증명(초월수는 무리수의 일부)해냈지.

1984년 동경 대학팀은 슈퍼컴퓨터로 π의 값을 소수점 아래 1600만 자리까지 구해냈어. 지금도 누군가는 π의 더욱 정확한 값을 구하고 있을지도 몰라.

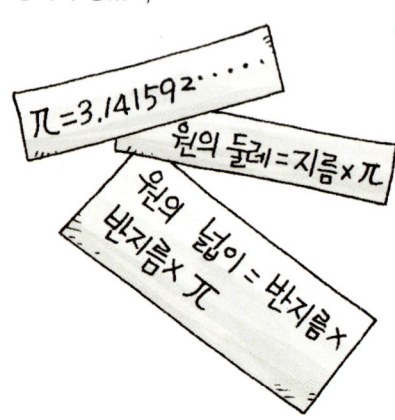

원에 접하는 정 96각형을 그려낸
아르키메데스

아르키메데스의 초상
(앙드레 테베의 삽화집)

● **아르키메데스의 연구와 관련된 학문**
수학, 물리학

● **저서**
수학 정리의 방법, 평면의 균형에 대해
원의 측정에 대해, 구와 원기둥에 대해

역사상 가장 위대한 수학자를 꼽으라고 한다면 뉴턴, 가우스와 함께 아르키메데스를 꼽을 수 있을 거야.

만약 그리스의 수학자나 과학자들이 유클리드나 플라톤보다 아르키메데스를 더 따랐다면 근대 수학과 근대 과학의 시대를 훨씬 앞당길 수 있었을 것이라는 평이 있을 정도거든.

그는 매우 정확하고 정밀한 성품을 가지고 있었어. 원주율을 계산함에 있어서도 원에 내접하는 다각형의 둘레와 외접하는 다각형의 둘레와의 비교로 계산했는데, 작도법이 나오기도 훨씬 전인 그 당시에 원주율을 알아내기 위해 원에 접하는 정96각형까지 그려냈어. 정40각형까지 그린다 해도 거의 원 모양으로 보이는데 정말 놀라운 일이야.

부피와 관련해서 목욕탕에서 알몸으로 뛰어나와 '유레카 (알아냈다의 뜻)'를 외쳤다는 일화, 긴 지렛대와 지렛목만 있으면 지구를 움직이겠다고 장담했다는 일화 등 아르키메데스의 일화 중에는 수학뿐 아니라 과학의 발견에 관련한 내용도 많아. 그의 끊임 없는 연구의 결과물은 오늘날까지 우리에게 많은 혜택을 주고 있어.

● **관련 수학자**

▶ **기원전 12세기 중국**
원주율을 3으로 사용함.

▶ **기원전 240년경 아르키메데스**
정 96각형을 그려 원주율의 소수 둘째 자리까지 정확하게 구함.

▶ **1873년 샹크스**
평생을 걸쳐 무한급수를 이용하여 원주율의 소수 아래 707자리까지 계산함.

▶ **1875년 훼럭**
샹크스의 계산에서 소수점 아래 528 자리가 틀림을 발견. 이후 원주율은 컴퓨터로 계산함.

3월 14일은 어떤 날일까?

3월 14일은 수학자들에게 특별한 날이야. 알베르트 아인슈타인의 생일이기도 하지만 그보다 더 특별한 이유가 있어. 3월 14일은 파이(π)데이야. 원주율의 근삿값 3.14를 기념하여 '파이의 날'로 지정했거든. 특히나 π값이 3.14159…이기에 3월 14일 오후 1시59분을 기념하지. 미국과 유럽의 대학들에서는 파이데이가 꽤 알려져 있고, 우리나라에서도 몇몇 학교들이 나름대로의 이벤트를 즐기고 있어.

이 날은 원주율의 역할에 대해 이야기하고 원주율이 없는 세상을 상상해 보거나 원주율 외우기 대회를 열면서 π와 이름이 같은 맛있는 파이를 먹어.

꽤 학구적인 행사지?

07 에라토스테네스
소수(素數)를 '체'로 걸러내다

Eratosthenes(기원전 276년~기원전 194년)
고대 그리스의 수학자. 에라토스테네스의 체를 고안함.

소인수분해

$$\begin{array}{r} 7\ )\overline{\ 84\ } \\ 2\ )\overline{\ 12\ } \\ 2\ )\overline{\ \ 6\ } \\ 3 \end{array}$$

$$84 = 7 \times 2 \times 2 \times 3$$

소인수분해란 주어진 수를 소수(素數)의 곱으로 나타내는 과정이야. 예를 들어 84가 있어. 84의 약수는 1과 84 외에 10개가 더 있어.
(84의 약수 : 1, 2, 3, 4, 6, 7, 12, 14, 21, 28, 42, 84)
왼쪽과 같이 84를 소수로 소수만 남을 때까지 계속 나눠 봐. **소수**란 1과 자기자신만을 약수로 가지는 수야. 마지막에 2로 나누면서 3이라는 소수가 생겨 더 이상 나누어지지 않아.
따라서 84를 소인수분해하여 $84 = 7 \times 2 \times 2 \times 3$와 같은 곱셈식으로 나타낼 수 있어. 이 곱셈식으로 84의 약수를 보다 쉽게 찾아낼 수 있지. 가령 $7 \times 2 = 14$도 84의 약수, $2 \times 3 = 6$도 84의 약수야.

곡물이 아닌 소수를 걸러내는 체를 만든
에라토스테네스

에라토 스테네스

● **에라토스테네스의 연구와 관련된 학문**
수학, 천문학, 지리학

● **저서**
지리학 (3권)

에라토스테네스는 지중해의 남쪽 연안에 있는 키레네에서 태어났으며 나이는 아르키메데스보다 몇 살쯤 아래였어. 그는 젊은 시절의 대부분을 아테네에서 보냈어. 그러다 약 40세쯤 이집트의 톨레미 3세의 초청으로 알렉산드리아로 와서 톨레미의 아들의 개인교수로 일했고 또 알렉산드리아 대학의 도서관장을 지내기도 했지.

그는 에라토스테네스의 체로 소수(素數)를 찾아내는 방법을 고안한 것으로 유명해. 이 방법은 2부터 자연수를 연속하여 쓴 다음에 2를 제외한 2의 배수를 지우고, 3을 제외한 3의 배수를 지우고, 5를 제외한 5의 배수를 지워나가며 마지막에 남는 소수를 찾아내는 거야. 마치 수를 체로 걸러내듯이 말이야. 또한 그는 지리상의 위치를 위도와 경도로 처음 표시했는데 같은 자오선 위에 있다고 생각되었던 시에네(현재의 Aswan)와 알렉산드리아 사이의 거리를 측정하여, 해시계로 지구 둘레의 길이를 처음으로 계산하기도 했지. 그 결과 약 4만 5000 km(정확한 거리는 약 4만 km)라는 근삿값을 얻었어.

에라토스테네스는 당시 지식의 모든 분야에서 재능을 발휘했는데 '베타'(Beta)라는 별명으로 불리기도 했어. 그의 광범위한 지식이 제2의 플라톤으로 여겨지기도 하였으며 또 한편으로는 많은 분야에서 뛰어나긴 했지만 항상 2인자였기 때문이라는 말도 있지.

● **관련 수학자**

▶ 기원전 350년 유클리드	▶ 기원전 3세기 에라토스테네스	▶ 기원전 3세기 유클리드	▶ 1644년 메르센
소수를 최초로 발견함.	소수를 찾아내기 위한 에라토스테네스의 체의 방법을 고안함.	소수가 무한함을 증명함.	메르센 소수를 발견함.

인간은 왜 소수를 찾아 헤맬까?

가장 큰 소수를 찾는 것은 에라토스테네스의 체와 같은 방법으로는 불가능하고 반드시 컴퓨터의 도움을 받아야 할 거야. 가장 큰 소수를 찾는 것 자체가 수학적으로 큰 의미가 있는 일은 아니지만, 프로그래머들에게는 가치 있는 일이야. 소수는 풀기 어려운 암호를 만드는 데 유용한 도구가 될 수 있거든. RSA암호는 어떤 수를 소수의 곱으로 나타내는 소인수분해를 하는 데 긴 시간이 걸린다는 성질을 이용하여 시스템 되어 있어. 컴퓨터를 이용하면 큰 수의 곱셈을 하는 건 순식간이잖아. 거꾸로 주어진 수가 어떤 두 소수의 곱인지 알아내는 것도 금방일 것 같아.

하지만 아무리 슈퍼컴퓨터라 해도 아주 큰 수를 소인수분해하는 일은 수십 년이 걸려. 그렇기 때문에 우리는 더 큰 소수를 찾아다니는 거야.

08 유클리드
수학을 체계적으로 정리하다

Euclid(기원전 330년?~기원전 275년?)
고대 그리스의 수학자. 유클리드 기하학의 대성자.

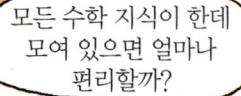

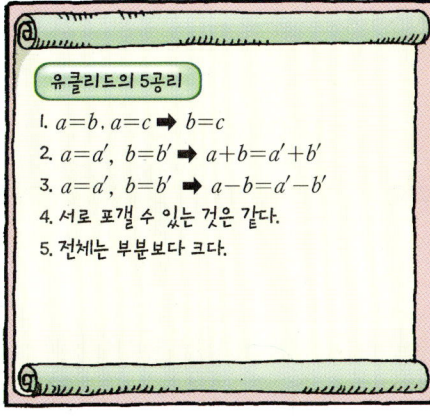

원론은 모두 13권으로 구성되어 있어.

명제의 참과 거짓

어떤 내용이 참인지 거짓인지 판별할 수 있는 문장이나 식을 **명제**라고 해. 명제는 참과 거짓을 분명히 밝힐 수 있어. 예를 들어 '2는 짝수이다'라는 문장은 '참', '3+4=2'의 식은 '거짓'이 되지.

그렇다면 $x-1>0$은 명제일까? 이 식은 $x=1$이면 $x-1=0$이 되므로 거짓이 되고, $x=4$이면 $x-1=3$이므로 참이 돼. x의 값에 따라서 참일 수도 있고, 거짓일 수도 있는 식이야. 이런 식은 명제라고 할 수 없어. 만일 이 식에 $x>1$이라는 조건을 준다면 어떨까?

$x-1>0$(단, $x>1$)은 참인 명제라고 할 수 있지.

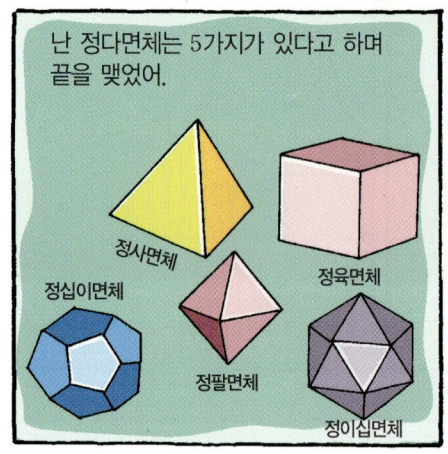

흩어져 있던 기하학 업적을 한 곳에 정리한
유클리드

유클리드

● **유클리드의 연구와 관련된 학문**
수학

● **저서**
기하학 원론, 기하학에 관하여
오류론, 곡면자취론

유클리드는 기하학을 연구한 아주 유명한 고대 그리스의 수학자야. 그는 탈레스, 피타고라스와 함께 그리스 3대 수학자로 불리우고 있어.

유클리드는 수학적인 문헌 중에서 가장 훌륭한 걸작품 중 하나로 꼽히는 〈기하학 원론 (Elements)〉이라는 책을 썼어. 여기 저기 흩어져 있던 많은 수학자들의 연구를 한 데 모아 낸 책 기하학 원론은 1482년에 처음 인쇄된 이후로 1000판 이상 추가 인쇄되었으며 2000년이 넘는 시간 동안 기하학의 교과서로 군림하고 있지. 실제로 유럽에서는 19세기까지 원론을 번역하여 그대로 교과서로 썼고, 인류 역사상 성경 다음으로 많이 발행된 책으로 꼽혔어. 그가 쓴 원론 제1권의 제일 앞부분에 나오는 정의를 읽어보면 그는 도형을 관찰할 때, 선, 원, 각, 삼각형 등 눈에 보이는 것뿐만 아니라 크기가 없는 점에도 관심을 두었음을 알 수 있어. 또한 유클리드는 여러 사실들을 그대로 받아들이려고 하지 않았어. 항상 증명을 하려고 애썼지. 눈금 없는 자와 컴퍼스만으로 도형을 그리고, 수직이등분선이나 평행선도 작도하고, 삼각형을 작도하면서 도형이 그려지는 데 필요한 조건들도 정리하였어. 뭐든지 명확하게 표현하려고 애썼던 결과겠지? 지금까지도 우리가 학교에서 배우고 있는 수학 교과서 내용의 대부분은 유클리드의 원론에 바탕을 두고 있어.

● **관련 수학자**

▶ **기원전 300년경 유클리드**
기하학을 체계적으로 정리한 〈기하학 원론〉 발표.

▶ **1823년 볼리아이**
평행선 공준이 성립하거나 성립하지 않음에 따라 유클리드 기하학과 비유클리드 기하학으로 나누어 존재한다고 주장함.

▶ **1826년 로바체프스키**
유클리드 평행선 공준에 반박하며 비유클리드 기하학 이론을 발표함.

▶ **1854년 리만**
3차원 유클리드 공간뿐 아니라 새로운 차원으로 확장하여 정리한 리만기하학을 발표함.

실생활에서 적용되지 않는 유클리드 기하학

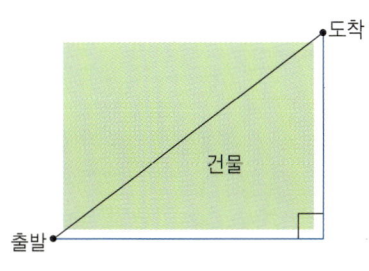

초등학교부터 고등학교까지 수학 시간에 배우는 도형에 관한 내용은 모두 유클리드 기하학이야. 삼각형과 사각형의 정의나 정삼각형의 한 각의 크기는 60°, 도형의 합동의 조건 등 모든 것이 그래. 그러나 실제 생활에서는 유클리드 기하학을 그대로 정의하기 어려운 경우가 많아. 왜냐하면 유클리드 기하학은 평면에서의 기하학이거든. 우리는 평면에서 살고 있지 않기 때문에 많은 비유클리드 기하학의 상황에 접하게 되지. 가장 쉬운 예로 택시기하학이 있는데 왼쪽과 같이 어떤 건물을 사이에 두고 가장 가까운 거리를 찾을 때, 유클리드는 삼각형을 그려 직선 거리만을 생각했지만, 실제로는 파란색 선이 가장 가까워. 건물을 통과할 수는 없잖아.

09 아폴로니우스
원뿔에 숨겨진 다양한 곡선을 연구하다

Apollonius(기원전 262년~기원전 190년)
고대 그리스의 수학자. 원뿔곡선의 성질과 응용의 기초를 세움.

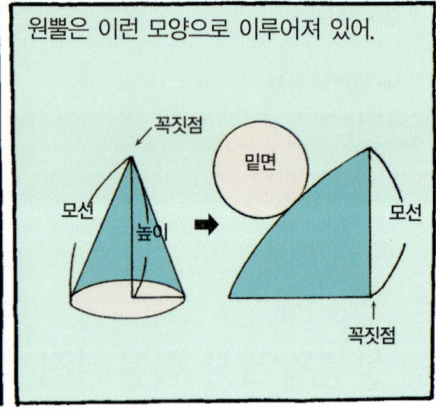

원뿔곡선의 방정식

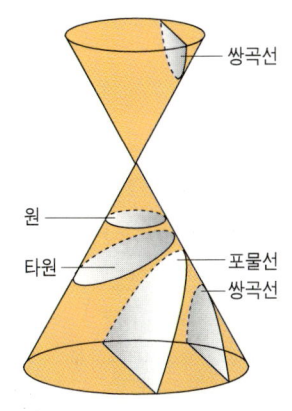

원뿔을 자를 때 생기는 원뿔곡선은 x, y의 이차방정식으로 표현할 수 있어. 그래서 원뿔곡선은 이차곡선이라고도 부르지. 곡선을 수식으로 표현할 수 있다는 정도만 기억해도 좋아.

- 원 : 원의 중심이 (a, b)이고 반지름이 r일 때, $(x-a)^2+(x-a)^2=r^2$
- 타원 : 장축을 $2a$, 단축을 $2b$ (단, $a>b>0$) 일 때, $\dfrac{x^2}{a^2}+\dfrac{y^2}{b^2}=1$
- 포물선 : 초점이 $F(p, 0)$인 포물선 $y^2=4px$
- 쌍곡선 : 쌍곡선의 두 초점과 임의의 점과의 거리의 차를 $2a$라 했을 때, $\dfrac{x^2}{a^2}-\dfrac{y^2}{b^2}=1$ (단, $a>0$, $b>0$, $k^2=a^2+b^2$)

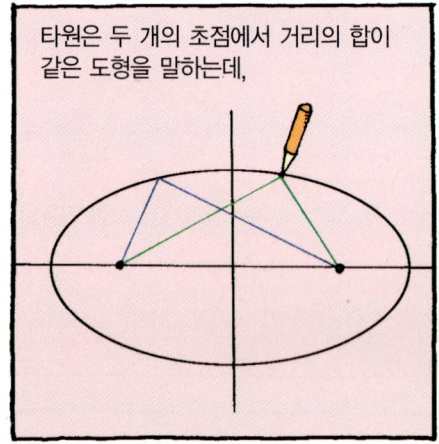
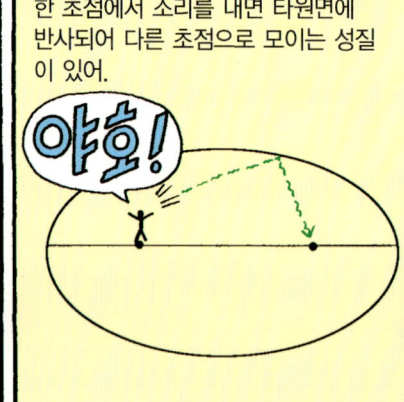

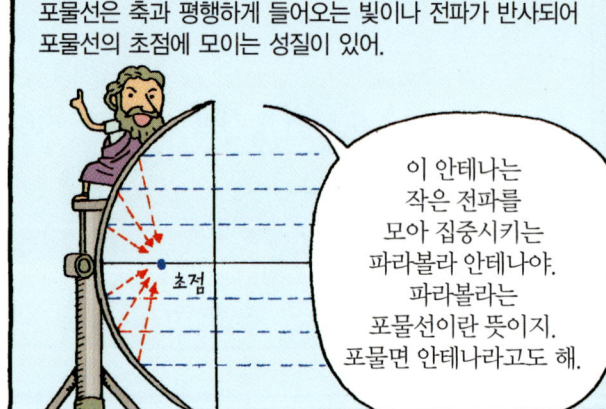

원뿔곡선에 이름을 붙인
아폴로니우스

아폴로니우스

● **아폴로니우스의 연구와 관련된 학문**
수학, 천문학

● **저서**
원뿔곡선론

아폴로니우스는 아르키메데스, 유클리드와 함께 그리스의 3대 수학자로 알려진 사람이야. 그는 수학뿐 아니라 천문학에도 많은 연구를 했다고 알려졌지만 안타깝게도 주요저서나 책은 모두 사라지고 〈원뿔곡선론〉이라는 책만이 남아 있어. 이 책에는 원뿔곡선, 즉 원뿔을 잘랐을 때 생기는 곡선에 대하여 체계적으로 정리되어 있고 타원, 포물선, 쌍곡선이란 용어를 처음 사용하기도 했어. 영어로 타원은 ellipse(부족하다), 포물선은 parabola(일치한다), 쌍곡선은 hyperbola(초과한다)로 나타내는데, 원뿔을 잘랐을 때 생기는 각도에 크기에 따라 이렇게 부르게 된 거야.

사실 원뿔곡선을 발견한 사람은 메나에크무스란 수학자야. 기원전 350년경에 정육면체의 부피에 관해 연구를 하다가 우연히 원뿔을 자르게 되는데 이때 원뿔곡선들을 발견하게 된 거지. 아폴로니우스는 원뿔을 맞대어 놓은 원추를 사용해 메나에크무스의 원뿔곡선을 더욱 발전시켰어. 이전에는 하나뿐이었던 쌍곡선이 항상 쌍으로 존재한다는 사실도 밝혀내었지. 원뿔곡선은 각각이 가지고 있는 독특한 특성 덕에 건축이나 렌즈, 안테나 등 실생활 곳곳에 유용하게 사용되고 있어. 2200년이 지난 지금까지도 아폴로니우스가 정리한 내용들이 그대로 사용되고 있다니 대단하지 않니?

● **관련 수학자**

▶ 기원전 350년경 메나에크무스	▶ 기원전 3세기경 아폴로니우스	▶ 1636년 데자르그	▶ 1655년 월리스	▶ 1759년 람베르트
원뿔곡선을 발견함.	원뿔곡선의 정의를 확립시킴.	원추곡선을 사영기하학적으로 설명함.	원뿔곡선에 좌표를 도입함.	쌍곡선 함수를 발견함.

중력의 영향을 받은 곡선은?

현수교

포물선과 그 형태가 비슷한 곡선 중에 현수선이라는 것이 있어. 현수선이란, 재질이 균일한 줄의 양 끝을 같은 높이의 두 위치에 고정시켜 놓았을 때, 그 사이의 줄의 자연스럽게 쳐지면서 이루는 곡선을 말해. 중력의 영향을 받는 곡선인 셈이지. 포물선과 현수선은 눈으로는 쉽게 구별하기가 힘들어. 수학자이자 과학자로 유명한 갈릴레이조차 헷갈릴 정도였다니까 말이야. 흔히 현수교의 케이블을 현수선이라고 하는데, 엄밀히 따지면 현수선과 포물선의 중간이라고 해. 주변에서 쉽게 볼 수 있는 현수선에는 전신주 사이의 전깃줄이나, 산꼭대기에 있는 구름다리 정도를 들 수 있지.

10 히파르코스
삼각을 측량하다

Hipparchos

Hipparchos(기원전 160년?~기원전 125년?)
고대 그리스의 수학자. 원과 현에 대한 최초 연구. 삼각법의 창시자.

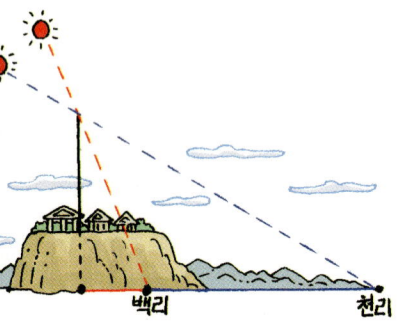

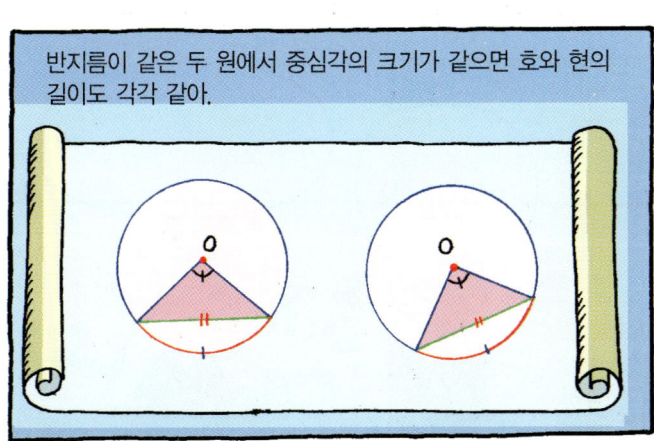
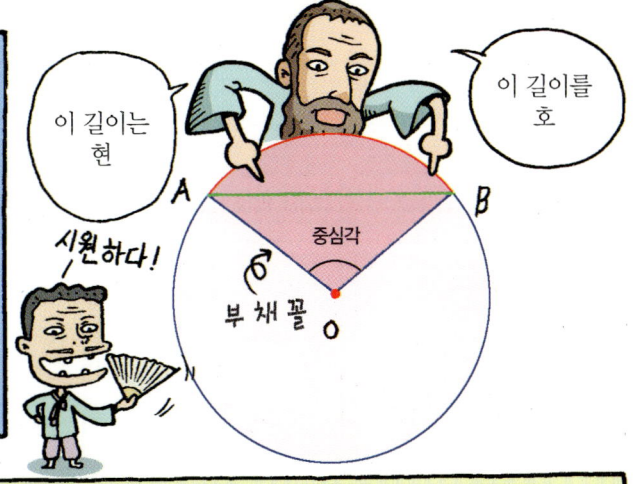

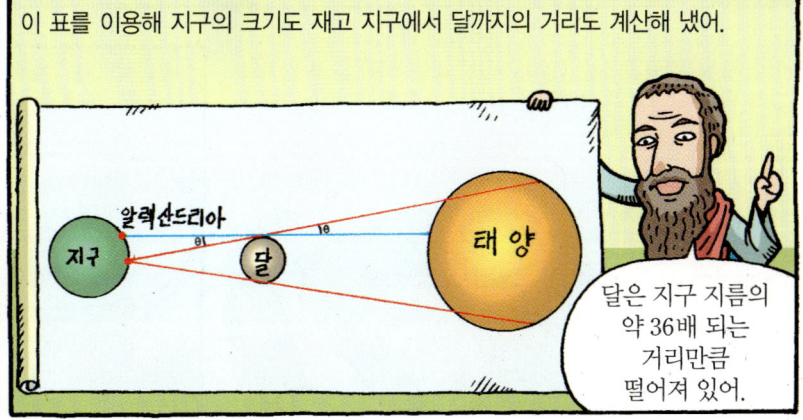

삼각법

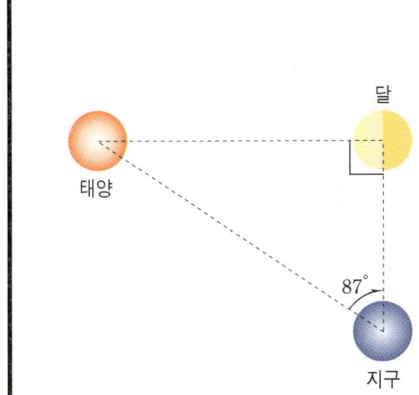

삼각법은 그리스 어로 '삼각형'과 '측량'이란 단어를 합성해서 만든 말이야. 삼각함수를 써서 삼각형의 세 각과 세 변 사이의 관계를 구하고, 주어진 조건을 만족시키는 삼각형을 찾는 법이지. 처음에 삼각법은 기하학적으로 각과 거리를 계산하는 정도였어. 그러다 삼각함수표를 작성하는 어려운 계산을 반복하면서 새로운 지식들이 개발되었고 이것은 삼각함수의 큰 발전으로 이어졌지.

이처럼 삼각함수의 역사는 놀랄 만큼 오래 되었어. 그래서 누가 가장 먼저 했는지는 아무도 몰라. 다만 옛날 사람들이 토지를 관리하거나 항해를 하다가 얻은 지식들이 조금씩 쌓여 오늘날에 이르게 되었다고 추측할 뿐이야.

삼각법으로 거리를 계산한
히파르코스

● **히파르코스의 연구와 관련된 학문**
수학, 천문학

히파르코스는 로도스 섬에 천문대를 세워 하늘의 천체 방향을 될 수 있는 한 정확하게 측정하여 약 850개의 천체들에 대한 성표를 만들어 냈고, 각 별에 좌표를 지정하고 하늘에서의 위치를 기입했어. 마치 지구 위의 한 점을 위도와 경도로 나타내는 것과 같이 말이야.

또한 별의 밝기를 등급으로 나누기도 했고, 행성이 축을 가지고 도는 '세차운동'을 발견하기도 했어.

이런 히파르코스의 천문학적 업적은 수학의 연구로부터 얻어진 거야. 기원전 150년경 그는 부채꼴의 중심각과 현에 관련한 표를 만들었어. 아쉽게도 그 표는 지금은 확인할 수 없지만, 이후 같은 분야의 연구를 한 프톨레마이오스의 저서 〈알마게스트〉에 그의 업적이 저술되어 있지.

고대 천문학자들은 행성들이 원 궤도를 따라 움직인다고 생각했기 때문에 원과 현에 대하여 많은 관심을 가지고 있었어. 원에서의 반지름과 현의 길이에 대한 그의 연구는 사인(sin), 즉 빗변에 대한 높이의 비와 일치하므로 삼각법의 시초로 볼 수 있지.

이 방법으로 그는 지구의 크기를 계산하고, 지구와 달 사이의 거리를 계산했어. 또 그 결과는 지금과 거의 같다고 해.

● **관련 수학자**

▶ 기원전 2세기 **히파르코스**	▶ 100년 메넬라우스	▶ 150년 프톨레마이오스	▶ 1533년 레기오몬타누스
삼각법을 이용하여 지구와 달의 거리를 알아냄.	구면삼각법에 관한 최초 연구, 현표를 작성함.	〈알마게스트〉에 천문학에서 삼각법을 사용한 내용을 저술함.	〈삼각법의 모든 것〉이라는 책으로 삼각법을 천문학으로부터 분리함.

오늘 나의 신체리듬은 어떨까?

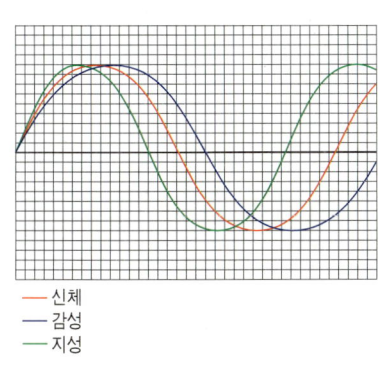
— 신체
— 감성
— 지성

몸이 찌뿌듯하거나 개운치 않을 때 우리들은 바이오리듬을 떠올릴 수 있어. 바이오리듬 이론은 인간의 신체, 감정, 지성의 기능이 태어나서부터 일정한 리듬을 가지고 조절된다고 하는 하나의 학설이야.

1906년 독일의 프리즈가 환자의 기록카드를 조사해본 결과 환자들의 상태가 주기적으로 나빠졌다는 것을 발견했어. 그 후 그 주기를 연구해 1928년 공식적으로 발표했지. 이런 신체, 감정, 지성의 세 가지 리듬은 왼쪽과 같이 사인 곡선으로 표현할 수 있어. 일정한 파동을 가지지?

바이오리듬은 스포츠나 의학 분야에서는 물론 개인적으로 기분을 조절하거나 안전에 대비하기 위해서도 폭넓게 이용되고 있어.

11 디오판토스

Diophantos

기호와 문자로 식을 단순화시키다

Diophantos(246년~330년)
고대 그리스의 수학자. 그리스 수학에서 최초로 기호를 도입함.

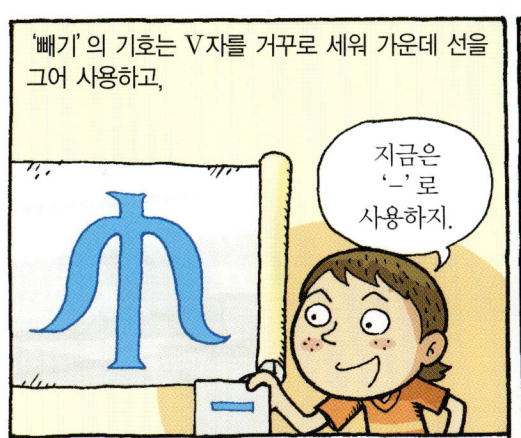

다양한 수학 기호

기호나 부호는 어떤 뜻을 나타내기 위해 쓰는 약속된 표시를 말해. 수학에서는 기호를 사용하여 수학적 개념을 간결하게 표현하지.

대표적인 사칙연산의 기호 +(덧셈), −(뺄셈), ×(곱셈), ÷(나눗셈)이 있고, 제곱해서 3이 되는 수를 $\sqrt{}$(루트)를 사용하여 $\sqrt{3}$으로 나타내.

기호는 참 편리해. 무한히 끝나지 않는 수인 원주율 3.141592…를 π를 사용하여 간결하게 나타낼 수 있고, >, <, ≥, ≤로 수의 크기를 간단히 비교할 수 있지.

또한 각각의 기준에 의해 정한 단위들의 사용(mm, cm, km, mm^2, cm^2, m^2, m^3, km^3, …)으로 수학은 더욱 빨리 발전했어.

오늘날의 방정식을 내가 표현한 방법대로 나타내 볼게.

조금 복잡해 보이는 데요?

아니야. 우리 때는 이 정도도 엄청난 발전이란 말이야.

$x^3 + 2x^2 - 3x$
⇩
$K^T α \triangle^T B \wedge γ$

수학은 간결하게 나타낼수록 명확해지는 법이지.

주절주절….

간결하게 요점만 말씀하세요.

간결하게!

간단!

어떤 수에 4를 더하면 10이 된다. 어떤 수를 구하라.

$x+4=10$에서 $x=?$

나 이후에 다른 수학자들도 문자나 기호의 사용을 위해 노력했어.

디오판토스가 최초로 문자를 사용했지.

해리엇은 부등호 >, <를 발명했어.

데카르트는 미지수를 x로 사용했어.

문자와 기호는 수학이라는 나라의 표지판과 같은 역할을 하고 있는 거야.

문자와 기호의 발전으로 방정식이 함께 발전했거든.

내가 몇 살에 생을 마감했는지 묘비 방정식을 풀어 봐.

지나가는 나그네여 이 묘비 밑에는 디오판토스가 잠들어 있는데 그의 생애를 수로 말하겠소. 그는 일생의 $\frac{1}{6}$은 소년 일생의 $\frac{1}{12}$은 청년으로 지냈고, 다시 일생의 $\frac{1}{7}$을 혼자 살다가 결혼하여 5년 후에 아들을 낳았소. 그의 아들은 아버지의 생애의 $\frac{1}{2}$만큼 살았으며, 아들이 죽고 난 4년 후에 비로소 생을 마쳤노라.

스승님 안녕히 가십시오. 흑흑

그리고 방정식을 풀면서 대수학의 시대가 시작되었어.

대수학은 수 대신 문자를 쓰는 학문이야.

$a+b+c=12$

$\frac{x}{6}+\frac{x}{12}+\frac{x}{7}+5+\frac{x}{2}+4=x$, $x=84$

자신만의 수학 표기법을 만들어낸
디오판토스

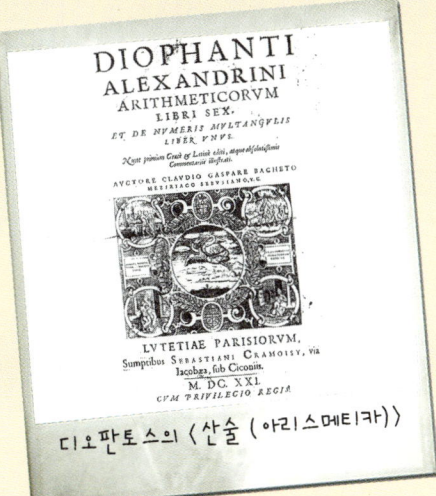
디오판토스의 〈산술 (아리스메티카)〉

● **디오판토스의 연구와 관련된 학문**
수학

● **저서**
산술(아리스메티카), 산학
다각수에 관하여, 계론

3세기 후반 알렉산드리아에서 활약했던 그리스의 수학자 디오판토스의 생애에 대해서는 알려진 바가 거의 없어. 다만 그의 묘비에 새겨진 방정식을 통해 그가 84세까지 살았음을 추측할 수 있지.

오늘날에는 수학을 할 때 덧셈, 뺄셈, 곱셈, 나눗셈(+, -, ×, ÷)과 괄호(( ), { }, [ ]) 등 많은 기호들로 식을 간단하게 나타낼 수 있어. 그런데 이런 기호들은 겨우 400년 전까지만 해도 전혀 쓰이고 있지 않았던 거야. 디오판토스 이전에는 수학에 기호가 존재하지도 않았어. '문자'를 식에 사용한 것은 그가 처음이야.

수학은 문장을 식으로 나타내고, 식을 간소화시키면서 발전해왔는데 디오판토스는 복잡한 방정식을 단순화시킨 장본인으로 자신만의 표기법을 만들어냈어. 그러나 간결한 표기법의 발명에도 불구하고 그의 아이디어는 그리스에서 받아들여지지 않고, 아랍 인들에 의해 발전했어. 16세기에 이르러 디오판토스의 표기법은 라틴어로 번역되어 유럽 대수학자들에게 강한 영향을 끼쳤고, 대수의 발전에 중대한 역할을 했다고 전해지고 있어. 그래서 유클리드의 〈기하학 원론〉이 가장 유명한 수학 교과서라고 하면 디오판토스의 〈산술〉은 대수학에서의 '기하학 원론'이라고 칭송받고 있지.

● **관련 수학자**

▶ 기원전 19세기 아메스	▶ 기원전 1세기 중국	▶ 3세기 디오판토스	▶ 16세기 비에트
아메스의 파피루스 '아하 문제'는 역사상 가장 오래된 방정식임.	〈구장산술〉의 8장 '방정'에서 미지수가 3개인 연립일차방정식을 다룸.	방정식에 문자와 기호를 최초로 사용함.	미지의 양을 표현하는데 알파벳의 모음을 사용함.

사칙연산 기호의 역사

+ 13세기경 이탈리아 수학자 피사노가 7 더하기 8을 '7과 8'로 썼는데, 라틴어로 '과'를 et라고 써. 이를 줄여 '+'의 기호가 만들어졌어.

− 1489년 독일의 수학자 비드만이 '모자란다'라는 라틴어 단어 minus의 약자 −m에서 '−'만 따서 쓰게 되므로 생겨났지.

× 처음 이 기호를 사용한 사람은 영국의 월리엄 오오트렛이지만, 어떻게 하여 이런 기호가 만들어 졌는지 그 유래는 알 수 없어.

÷ 오랜 옛날부터 쓰여왔고, 10세기경에는 '10나누기 ÷5' 등과 같이 '나누기'라는 말도 함께 썼는데, 문자인 '나누기'를 없애고, '÷'로만 쓰게 되었어.

= 1557년 레코드가 쓴 〈지혜의 숫돌〉이라는 책에 처음 쓰였으며 그 모양은 우리가 지금 쓰는 것보다 옆으로 더 길었어.

2 중세 수학

서양의 중세는 모든 학문의 암흑기로 보기도 해. 기독교가 들어오면서 기존 철학들을 탄압했기 때문이야. 대신 이 시기에 인도 사람들이 발명한 숫자 0은 수학에서 매우 중요한 사건이지. 만일 0을 발명하지 못했다면 지금 우리는 얼마나 불편한 생활을 해야만 했을까?
그전에 비해 훨씬 자유롭고 유연해진 수학을 지금부터 살펴보자.

12 브라마굽타
13 무하마드 이븐무사 알콰리즈미
14 레오나르도 피보나치

12 브라마굽타
0을 숫자로 인정하다

Brahmagupta

Brahmagupta(598년~660년)
인도의 수학자. 0과 음수의 숫자적 의미를 인정함.

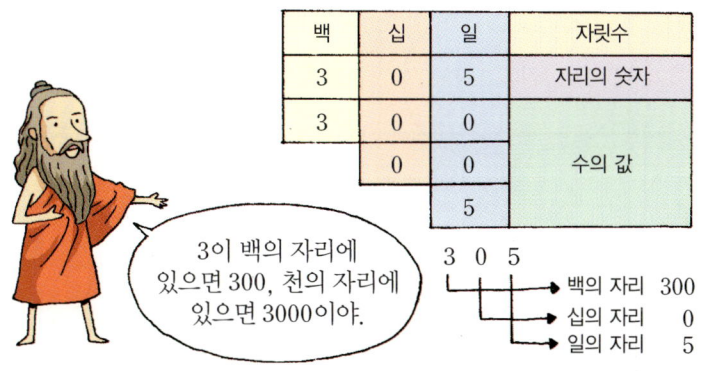

컴퓨터에서 사용하는 진법은?

1, 2, 3, 4, 5, 6, 7, 8, 9 다음은 어떤 숫자가 올까? 9 다음은 한 자리 올려서 두 자리 수인 10이 돼. 이것이 보통 우리가 사용하는 10진법이야. **진법**이란 수를 표기하는 방법이야. 우리의 손가락은 10개이고, 그래서 cm, m, kg, t 등 거의 모든 단위에 10진법이 쓰이고 있어. 그러나 컴퓨터에서는 10진법이 아닌 2진법을 사용해.

2진법은 0과 1의 숫자만을 사용하고 2가 되면 한 자리 위로 올리는 방법이야. 2진법은 10진법과 달리 겨우 2개의 숫자로 표현되기 때문에 컴퓨터의 고속 처리에 유리해.

'0'에게 수의 의미를 부여한
브라마굽타

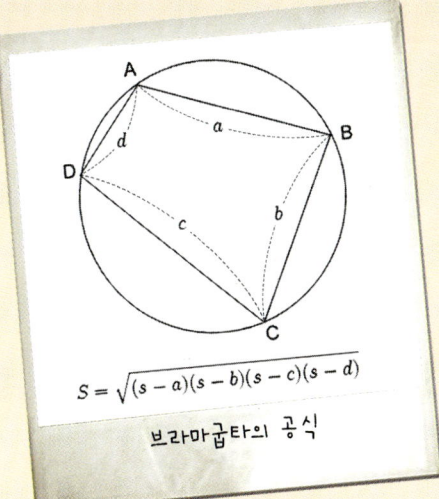

브라마굽타의 공식

- **브라마굽타의 연구와 관련된 학문**
  수학, 천문학
- **저서**
  우주의 개방(628)

오늘날 우리가 사용하고 있는 아라비아 숫자, 즉 1, 2, 3, 4, 5, 6, 7, 8, 9, 0은 인도에서 발명된 거야.

이 숫자가 유럽에 알려진 이후 셈이나 수의 기록이 매우 편리하게 되었고, 유럽 수학도 급속히 발달했지. 그러나 인도에서 생겨났다는 것 외에 누가 만들었는지는 정확히 알 수가 없어.

우리는 아라비아 숫자 중 '0'을 눈여겨볼 필요가 있어. 0이 있기 때문에 아무리 큰 수라도 간단하게 쓸 수 있고, 35와 305를 쉽게 구분할 수 있게 되었거든. 이때의 0은 숫자적인 기능이라기보다 기호적인 기능을 하고 있어. '비어있는 자리'를 채우는 기호로 말이야. 하지만 수세기가 지난 후 브라마굽타는 0이 숫자들을 구별하는 기능만 가지고 있는 것이 아니라 그 자체가 고유한 수임을 주장했어. 이때부터 0은 아무것도 없음을 뜻하는 '무(無)'의 개념을 가진 숫자가 되었어.

고대 그리스의 위대한 철학자들도 눈치채지 못했던 이 개념을 최초로 인정한 브라마굽타는 이 외에도 0보다 작은 수인 음수의 뜻을 설명하고, 원에 내접하는 사각형의 네 변의 길이를 알고 있을 때 그 사각형의 면적을 구하는 공식인 브라마굽타 공식으로도 유명해.

- **관련 수학자**

▶ 3세기 디오판토스	▶ 500년경 인도	▶ 7세기 브라마굽타	▶ 16세기 카르다노
방정식의 답이 음수가 될 경우 답이 없는 것으로 간주함.	기호로써의 0을 발명함.	숫자로써의 0을 인정함. 음수의 뜻을 처음 설명함.	〈아르스 마그나〉에서 음수의 개념을 확립시킴.

왜 0으로 나누면 안 될까?

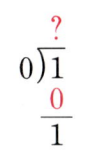

0에는 어떤 수를 곱해도 0이 나와. 즉 아무리 나누고 싶어도 몫을 구할 수가 없어. 나머지는 나누는 수보다 작아야 하는데 나눠지는 수인 1이 그대로 나오기 때문에 어떤 수를 0으로 나누는 것은 불가능해.

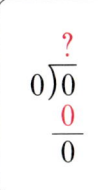

0을 0으로 나누려고 하면 몫의 자리에 쓸 수 있는 수가 없어서가 아니라 너무 많아서 탈이야. 0에는 어떤 수를 곱해도 0이 나오는데, 몫을 어느 하나의 수로 정할 수가 없지.

결론! 나눗셈의 정의가 바뀌지 않는 한 우리는 그 누구도 어떤 수를 0으로 나눌 수 없어. 그러고 보면 0은 참으로 신비한 수야.

13

Muhammad ibn Musa Al-Khwarizmi

무하마드 이븐무사 알콰리즈미
이차방정식의 근을 판별하다

Muhammad ibn Musa Al-Khwarizmi (780년~850년)
페르시아계 수학자. 이차방정식의 판별식을 만듦.

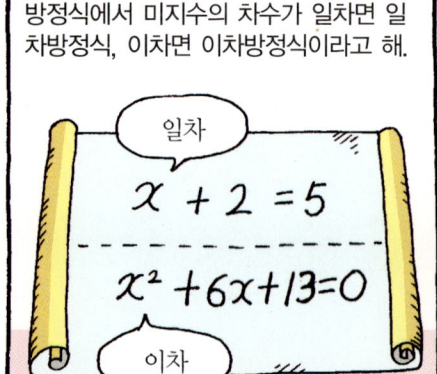

0보다 작은 수

5에서 8을 뺄 수 있을까? 작은 수에서 큰 수를 뺄 수 없으므로 답이 없다라고 생각하겠지만 이 문제는 음수로 답할 수 있어. 3세기경 그리스의 수학자 디오판토스도 방정식의 답이 음수가 될 경우에는 답이 없는 것으로 취급했어. 하지만 영하의 온도를 마이너스(−)로 나타낸다든가, 수면의 위쪽 높이를 ＋, 아래쪽을 −로 나타내는 등 음수 역시 실제로 존재하는 수임이 분명해. 수직선의 0을 기준으로 왼쪽의 수를 음의 정수(음수), 오른쪽의 수를 양의 정수(양수)라고 해. 음수, 0, 양수를 모두 합쳐 **정수**라고 부르지.

0에서부터 멀리 떨어질수록 더 큰 수, 더 작은 수가 돼. 예를 들어 −10은 −4보다 더 작은 수야. 0에서부터 더 멀리 떨어져 있거든.

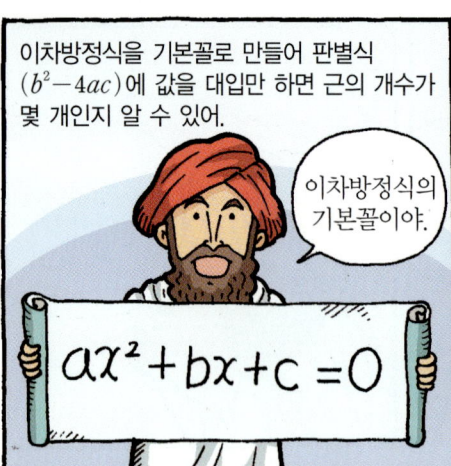

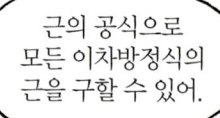

알콰리즈미

● 알콰리즈미의 연구와 관련된 학문
수학, 천문학, 지리학

● 저서
복원과 대비의 계산(820년)

모든 이차방정식의 근을 구하는 식을 만든
무하마드 이븐무사 알콰리즈미

9세기 무렵 아라비아에서 활동했던 수학자 알콰리즈미는 일차방정식은 물론 이차방정식의 해법을 발견했어. 〈복원와 대비의 계산〉이라는 그의 저서에 방정식에 대한 해법이 실려 있는데 당시에는 지금 쓰는 것과 같은 기호 따위가 없었기에 모든 수학적 내용이 말로 설명되어 있지.

예를 들어 알 자브르는 음수를 제거하기 위해 이항하는 과정이며, 알 무카발라는 그 다음의 과정으로, 양변에서 같은 양만큼의 값을 덜어 내어 간단하게 정리하는 거야

그는 $ax^2+bx+c=0$와 같은 꼴의 이차방정식의 근은 판별식인 b^2-4ac의 값이 0보다 크면 근이 2개, 0이면 근이 하나(중근), 0보다 작으면 근이 없다고 했어. 그러나 당시에는 기호뿐만이 아니라 음수가 발견되기도 전이기 때문에 주로 두 개의 양의 근을 가지는 이차방정식만을 다루었어. 또 두 양의 근 중에서도 작은 쪽만을 근으로 인정했다고 해. 그는 유능한 천문학자이기도 했는데 천문 관측을 하여 지구의 자오선 1°의 길이를 측정하기도 했어.

알콰리즈미가 저술한 방정식의 풀이에 관한 내용으로부터 현대 프로그래밍의 핵심인 '알고리즘'의 개념이 탄생했어. 알고리즘은 그의 성(姓)에서 유래된 거야.

● 관련 수학자

▶ 9세기 알콰리즈미	▶ 1150년 바스카라	▶ 1545년 카르다노	▶ 16세기 페라리	▶ 19세기 아벨, 갈루아
이차방정식의 풀이 방법을 소개함.	이차방정식에서 음의 근과 무리수의 근을 처음으로 인정함.	〈아르스 마그나〉에서 3차, 4차 방정식의 해법을 발표함.	4차 방정식의 해법 구함.	5차 방정식의 일반적인 근을 구할 수 없음을 각각 증명함.

자연현상을 식으로 나타내면?

이차방정식으로 행성의 궤도를 계산할 수 있다.

물체를 공중에 비스듬히 던져 올리면 던져진 물체는 포물선을 그리면서 움직여. 이때 포물선의 방정식을 $y^2=4px$와 같이 이차방정식으로 나타낼 수 있어. 포물선 외에도 타원, 쌍곡선의 모양을 각각 이차방정식으로 나타낼 수 있지.

위성 방송을 수신하는 안테나를 축을 포함하는 평면으로 자르면 그 단면이 포물선이 돼. 또 17세기 독일의 케플러는 천체 관측 결과를 조사하여 태양계에서 행성의 궤도는 태양을 하나의 초점으로 하는 타원이 된다는 것을 발견했지. 수면 위에서 물결이 간섭하는 점의 자취에서 쌍곡선을 찾아볼 수 있어. 여기서 중요한 점은 이차방정식과 같은 수식이 단순한 숫자 놀이가 아니라 실생활에 적용시킬 수 있고, 자연현상에 대해 설명도 할 수 있다는 점이야.

14 레오나르도 피보나치
피보나치 수열을 제안하다

Leonardo Fibonacci

Leonardo Fibonacci(1170년~1240년)
이탈리아의 수학자. 피보나치 수열을 체계적으로 연구함.

여러분 안녕? 난 수열을 연구한 피보나치라고 해.

사실 내 이름보다 피보나치 수열로 알고 있는 친구들이 더 많을 거야.
- 피보나치가 사람 이름이었어?
- 죄송하지만 그런가 봐.

난 피사의 사탑으로 유명한 피사에서 태어났어.

9살에 어머니를 여의고 피사의 고문이었던 아버지 때문에 부기아라는 곳으로 여행을 가게 되었지.

그런데 이 여행으로 난 떨어진 지역 간에 수학을 교류시키는 역할을 하게 되었어.

당시 유럽사람들은 로마 숫자를 쓰고 있었거든.

그러나 난 부기아에서 배운 힌두-아라비아 숫자가 로마 숫자로 수학을 하는 것보다 훨씬 효과적이라고 느꼈어. 그래서 이 수를 유럽에 전파했지.

이렇게 숫자와 수에 대해 관심이 많던 나는 우연히 어느 특이하고 특별한 수의 나열을 발견하게 되었어.
- 어떻게 발견했냐고?
- 우리 토끼들의 도움이지요!

수열의 종류

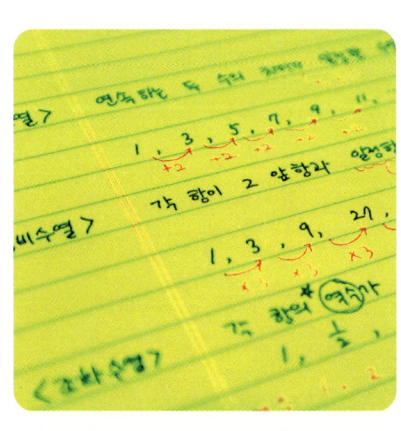

수열이란 차례로 수를 나열한 것을 말해. 수열을 이루는 각각의 수를 **항** 또는 **원소**라고 하고 수열의 각 항은 순서에 따라 구분이 돼. 즉 1, 2, 3과 3, 2, 1은 다른 수열이야. 수열에는 규칙이 있을 수도 있고 없을 수도 있고 길이가 유한할 수도 있고(유한수열), 무한할 수도 있어(무한수열).

따라서 수열의 종류는 무한해. 대표적으로는 연속하는 두 수의 차이가 일정한 수열을 등차수열, 각 항이 그 앞 항과 일정한 비를 가지는 수열을 등비수열, 각 항의 역수(어떤 수에 곱해서 1이 되게 하는 수)가 등차수열을 이루는 수열을 조화수열이라고 해.

피보나치 수열 역시 수열의 한 종류야.

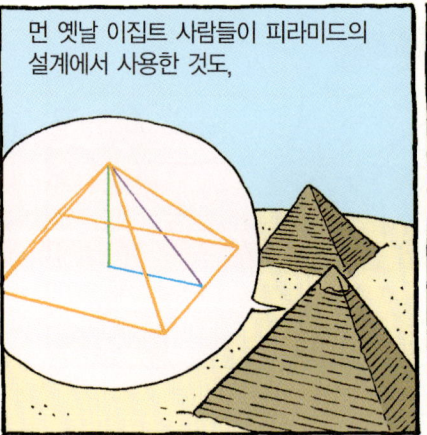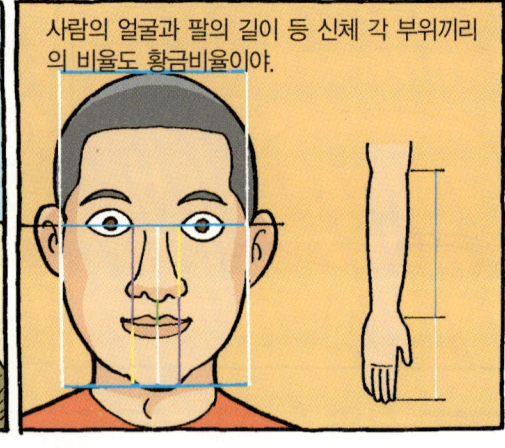

수 체계를 유럽에 보급한 무역상
레오나르도 피보나치

레오나르도 피보나치

● **피보나치의 연구와 관련된 학문**
  수학

● **저서**
  산반서(1202)
  기하학의 실용(1220)

매년 조금씩 기울고 있는 유명한 건축물 피사의 사탑을 알고 있지? 피보나치는 피사의 사탑이 있는 피사(Pisa)에서 부유한 무역상의 아들로 태어나 자신도 무역업에 종사하면서 많은 수학적 업적을 남겼어.

어려서부터 아버지에게 주판계산법을 배우고, 이슬람교 학교에서 인도 기수법을 공부했어. 무역업을 했기 때문에 이집트, 시리아, 그리스, 시칠리아 등 지중해 연안을 여행하면서 아라비아 수학지식을 넓혔지. 1202년 피사로 돌아와 〈산반서〉를 저술하였는데 이는 수학서적의 결정판으로써 인도-아라비아식 기수법 및 계산법, 부정방정식 등을 유럽에 소개하는 역할을 했어.

토끼 쌍 증식 문제로부터 그가 발견한 수열 1, 1, 2, 3, 5, 8, 13, 21, 34, 55, 89, … 를 피보나치 수열이라고 하는데 이 수열의 특징은 3개의 항 이상의 수는 바로 전 두 항의 합이라는 점이야.

더욱 신기한 것은 앞 항을 바로 다음 항으로 나누면 황금비율 1.618에 근접해 진다는 점이야. 피보나치 수열과 황금비율은 식물의 잎의 수, 해바라기나 솔방울의 씨앗의 배열, 앵무조개의 껍질의 줄 사이 비율에서도 찾아볼 수 있고, 고대 건축물과 미술 작품들부터 시작해 현재에는 신용카드와 담뱃갑의 가로 세로 비율에까지 광범위하게 쓰이고 있어.

● **관련 수학자**

▶ 기원전 5세기 핑갈라	▶ 12세기 **피보나치**	▶ 12세기 루카스	▶ 1939년 엘리어트
피보나치 수가 처음 언급된 문헌을 썼음.	피보나치 수열을 처음 연구함.	피보나치 수열에 이름을 붙임.	미국 주식시장 폭락사태를 피보나치 수로 예견한 〈엘리어트 파동이론〉을 발표함.

주식과 피보나치 수열에 어떤 관련이 있을까?

주식 시장에서 주가가 상승하고 하락하는 데는 여러 가지 원인이 있어. 그래서 주가 변동에서 규칙성을 찾는 것은 중요한 일이긴 하지만 그 원인들의 규칙을 찾기란 매우 어렵지.

그럼에도 불구하고 미국의 증시분석가 엘리어트는 1939년 〈엘리어트 파동이론〉에서 미국의 주가 변동의 추이가 피보나치 수열과 관련이 있다고 주장했어.

엘리어트의 주가 파동은 상승 5파와 하락 3파로 구성되는데 상승 5파를 자세히 보면 상승 3파와 반락 2파로 이루어져 있고, 하락 3파를 자세히 보면 하락 2파와 반등 1파로 구성이 됨을 알 수 있어. 피보나치 수 1과 2, 3과 5로 해석되었으니 엘리어트의 주장대로 주식이 피보나치 수열과 관련이 있다고 할 수 있지.

3 근대 수학

수학 안의 각 분야들끼리도 점차 소통이 이루어져. 도형은 도형, 수식은 수식으로만 생각해 왔는데 도형과 수식이 묶여 새로운 분야로 탄생되었지.
또 지난 2000년 동안 흔들림없이 수학의 중심을 잡고 있었던 유클리드 기하학에의 헛점을 잡아내면서 기하학에서도 큰 이변이 일어나. 어떤 사건들이 일어났을까?

15 미하엘 슈티펠
16 지롤라모 카르다노
17 프랑수아 비에트
18 시몬 스테빈
19 존 네이피어
20 토마스 해리엇
21 르네 데카르트
22 피에르 페르마
23 블레즈 파스칼
24 아이작 뉴턴
25 야곱 베르누이
26 아브라함 드무아브르
27 레온하르트 오일러
28 카를 프리드리히 가우스
29 아우구스트 뫼비우스
30 로바체프스키
31 윌리엄 해밀턴
32 페터 디리클레
33 닐스 헨리크 아벨
34 게오르크 리만
35 아서 케일리
36 리하르트 데데킨트
37 존 벤

15 미하엘 슈티펠

Michael Stifel

지수를 사용하여 거듭제곱을 나타내다

Michael Stifel(1486년~1567년)
독일의 수학자. 오늘날과 같은 형태의 지수를 사용함.

- 친구들 안녕?
- 난 독일의 수학자 슈티펠이야.

우리 수학자들은 수를 가지고 연구하는 것을 매우 좋아해.

그러나 나는 다른 수학자들과는 다르게 신비주의에 빠져 있었어.
난 신교로 개종하겠어.

지구가 멸망한다는 얼토당토 않은 예언으로 감옥살이도 하게 되고,
곧 멸망하니 나를 꺼내주시오!

당시 교황인 레오 10세의 이름을 재배열하여 '악마의 수 666'이 된다는 주장을 하기도 했어.
레오 10세
LEO DECIMVS
→
DCLXVI
교황은 악마의 이름을 가지고 있다!

뭐? 내가?

그러나, 나에게도 큰 업적이 하나 있어.
업적

16세기 독일에서는 지리학이나 천문학과 같은 학문도 발달했어.

학문이 발달할수록 수는 커지고 계산은 복잡해져만 갔지.
- 이렇게 큰 계산 실수를 하면 어떻게 하나?
- 0 하나를 빠뜨렸을 뿐인데….

거듭제곱과 거듭제곱근

$\sqrt{1}=1$

$\sqrt{2}=1.414213562373095048\cdots$

$\sqrt{3}=1.732050807568877293\cdots$

$\sqrt{4}=2$

$\sqrt{5}=2.236067977499789696\cdots$

제곱근의 기호 '$\sqrt{}$'를 사용한다.

어떤 수를 몇 번 곱한 수를 어떤 수를 **거듭제곱**했다고 해. 곱한 횟수를 수의 오른쪽 위에 작게 쓰지. 예를 들어 8을 네제곱한 수를 8^4으로 나타내. 8^4은 $8\times8\times8\times8=4096$이야. 이때 8을 4096의 네제곱근이라고 해. 즉 8은 4096의 **거듭제곱근**이야.

25의 제곱근은 무엇일까? 두 번 곱해서 25가 되는 수는 5야. 그런데 제곱근은 한 개가 아니라 두 개야. 5 이외에 -5도 두 번 곱하면 25가 되거든. 음수를 짝수 번 곱하면 양수가 돼.

왼쪽은 몇 가지 양의 제곱근을 나타낸 것이니 참고하길 바래.

71

지수를 사용하여 큰 수를 간단히 나타낸
미하엘 슈티펠

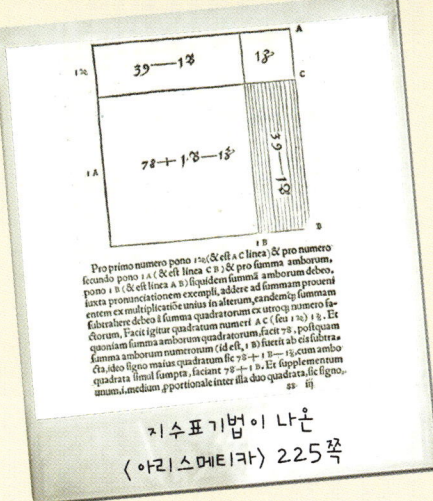

지수표기법이 나온 〈아리스메티카〉 225쪽

● **슈티펠의 연구와 관련된 학문**
  수학

● **저서**
  산술백과 (1544)

슈티펠은 독일 에스링겐에서 태어났어. 처음에는 목사였지만 〈계시록〉과 〈다니엘〉이라는 책에서 신비적인 수의 뜻을 연구하며 수학자가 되었지.
16세기에 독일은 상업과 기술 등 여러 분야의 학문이 발달하면서 일상에서 접하던 수가 상상을 초월하게 커지고 또 작아졌어. 슈티펠을 비롯한 많은 수학자들은 크거나 작은 수를 편리하게 쓸 수 있는 방법이 없을까 고민을 했지. 그러다 결국 반복적으로 수를 곱한 횟수를 숫자의 오른쪽 위에 작게 나타내는 지수의 사용을 발명하기에 이른 거야.
그러나 슈티펠은 다른 수학자들과는 조금 다른 면이 있었어. 마틴 루터를 따라 신교로 개종하고 신비주의에 빠졌었거든. 그리고는 1533년 10월 3일이 되면 세상에 종말이 온다고 예언을 하기도 했지. 이 일로 인해서 감옥살이까지 하게 돼.
그는 산술기법을 이용하여 당시 교황인 레오 10세(라틴어 : LEO DECIMVS)의 이름을 재배열 하여 DCLXVI를 만들어내 이것은 '요한 계시록' 에서 말하는 '악마의 수 666' 이 된다고 주장했어.
이렇게 남다른 과거를 가지고 있는 그 임에도 불구하고 16세기 발간된 그의 책 〈산술백과〉는 많은 대수학책들 중 가장 높은 평가를 받고 있어. 왜냐하면 이 책에서 그는 파스칼의 삼각형, 음수, 거듭제곱, 거듭제곱근 등의 내용을 기호와 함께 폭넓게 다루었기 때문이야.

● **관련 수학자**

▶ 16세기 해리엇	▶ 16세기 슈티펠	▶ 16세기 데카르트	▶ 17세기 뉴턴
거듭제곱꼴을 2AAA와 같은 방법으로 나타냄.	오늘날과 같은 방법의 지수를 사용함.	x^2, x^3과 같이 미지수의 거듭제곱을 현대식으로 사용함.	음의 정수와 분수를 지수로 처음 사용함.

2^{10}배마다 새로운 정보의 단위

하드디스크의 내부

컴퓨터에서 사용하는 가장 작은 데이터 단위를 bit(비트)라고 해.
데이터 파일의 크기의 단위는 B(바이트)고, 1B는 8bit와 같아.
정보의 양이 크고 방대해짐에 따라 그것을 저장하고 전송하고 처리하는 하드디스크의 용량도 커져야 했어. 그와 더불어 더 큰 수의 단위가 필요하게 되었지. B의 2^{10}배를 KB(킬로바이트), KB의 2^{10}배는 MB(메가바이트), MB의 2^{10}배는 GB(기가바이트), GB의 2^{10}배는 TB(테라바이트)야.
우리들이 보통 사용하는 집에 있는 컴퓨터는 GB로 용량을 말할 수 있어. 그리고 일부 고성능 컴퓨터의 하드디스크의 용량을 TB로 측정하기도 해.

16 지롤라모 카르다노
도박에서 확률을 연구하다

Girolamo Cardano

Girolamo Cardano (1501년~1576년)
이탈리아의 수학자, 의사, 자연철학자. 확률을 이론으로 처음 연구함.

확률끼리의 계산

하나의 사건이 일어날 수 있는 가능성을 수로 나타낸 것인 **확률**은 0과 1 사이의 수로 나타낼 수 있어. 절대 일어나지 않는 일은 0, 반드시 일어나는 일은 1이야. 백분율로 나타내면 0%에서 100% 사이로 나타낼 수 있지.
확률끼리는 계산을 해서 새로운 확률을 구할 수 있어.
예를 들어 주사위를 던졌을 때 2가 나올 확률은 $\frac{1}{6}$이고, 3이 나올 확률도 $\frac{1}{6}$이야. 그래서 2나 3이 나올 확률은 $\frac{1}{6}+\frac{1}{6}=\frac{1}{3}$로 구할 수 있어.

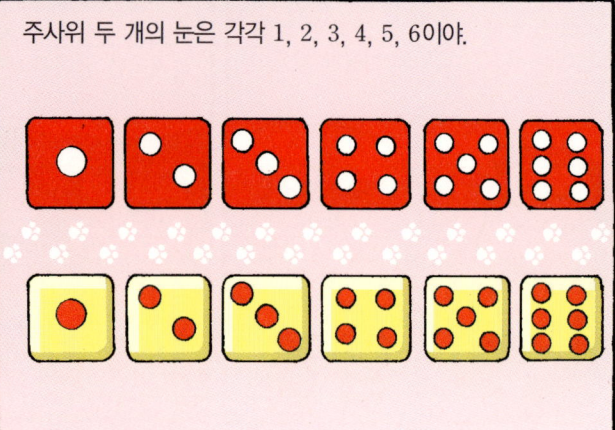

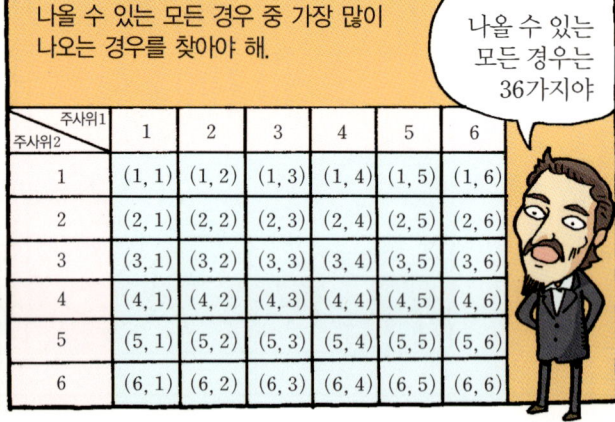

도박으로 확률을 연구한
지롤라모 카르다노

지롤라모 카르다노

● **카르다노의 연구와 관련된 학문**
수학, 의학, 자연철학

● **저서**
아르스 마그나 (1545)
기회의 게임에 관하여 (1563)

카르다노는 유명한 이탈리아의 수학자이자 의사였어. 그의 직업은 이외에도 많아. 점성술사, 도박사, 철학자이기도 했지. 귀족의 후예인 아버지는 레오나르도 다빈치의 친구로 법률가였다고 해.

그러나 그가 일곱 살이 되던 해에 아버지를 여의었고, 아버지의 죽음 이후 생활이 넉넉하지 않아서 카드게임이나 주사위 놀이, 체스 등 도박으로 생계를 꾸리게 되었어. 확률 계산을 잘했던 카르다노는 게임에서 지는 경우가 드물었지만 그렇다고 돈방석에 앉은 적도 없었어.

역사적으로 도박을 통해 확률, 통계이론을 체계화하기 시작한 것은 17세기부터야. 우리나라와는 달리 외국에서는 수학자들이 도박게임의 승률과 성공전략을 수학적으로 증명하고, 학회에서 발표하는 일이 흔해. 이를 통해 새로운 확률과 통계이론을 발전시켜왔지. 카르다노는 수학 외에도 의학, 연금술 등 폭넓은 연구를 했어. 그래서 그가 집필한 책은 수학, 물리학, 철학, 의학, 종교학, 음향학 등에 관련해 무려 2백여 권이나 돼. 하지만 그의 인간성에 대한 평가는 좋지 못했어. 폰타나(타르탈리아)가 먼저 알아냈었던 3차 방정식의 풀이 방법을 사정해서 알아낸 뒤 1545년 마치 자기가 고안한 것처럼 그의 저서 〈아르스 마그나〉에 무단으로 발표했거든. 그는 자신의 죽음을 예언했는데 그 날짜를 맞추기 위해 자살까지 했다고 해.

● **관련 수학자**

▶ 16세기 카르다노	▶ 1654년 파스칼, 페르마	▶ 1655년 호이겐스	▶ 17세기 베르누이
확률을 이론으로 최초 연구함.	확률론을 창시함.	확률에 관한 최초 논문을 발표함.	확률론만을 다룬 저서를 발표함.

보험료를 산정한 기준은?

런던 대화재 모습

서양에서는 18세기 중반부터 보험업이 성행했어. 그 당시에는 산업혁명이 시작되어 해외 무역이 활발했었는데 상인들은 피해를 입을 경우에 대비해 배를 타고 떠나기 전에 보험을 들었지. 이때 지급되는 금액은 바로 '큰 수의 법칙(경험적 확률과 수학적 확률과의 관계를 나타내는 정리)'을 응용해 사고가 발생할 가능성을 따져서 정했어. 보험사도 무조건 돈을 줄 수만은 없잖아. 과거에 일어난 사고 사례들을 파악해서 사고 피해를 입은 사람 수와 무사한 사람 수 사이에 일정한 비율이 있음을 알고, 보험 가입자와 보험 회사 모두에게 합리적인 보험료를 정하게 되었어.

1666년 일어난 런던 대화재 때문에 니콜라스 버본이 1681년 영국 최초의 화재 보험 회사를 세웠어.

17 프랑수아 비에트
수의 계산에서 문자의 계산으로

Francois Viete

Francois Viete(1540년~1603년)
프랑스의 수학자. 문자와 기호를 사용한 계산을 발전시킴.

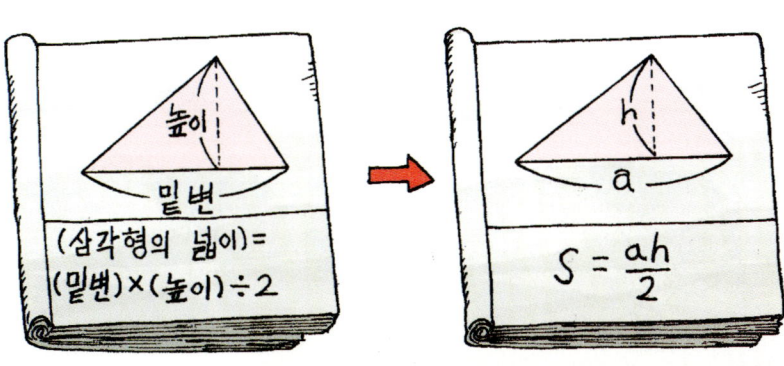

문자가 있는 식의 계산

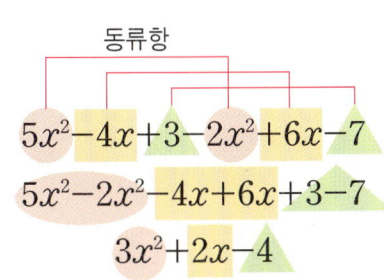

문자를 사용하게 된 이후로 식은 더욱더 간략해지고, 수학의 전달속도도 빨라졌어. 모르는 어떤 수를 □, ?, ☆ 등의 기호로 두기도 하고 a, b, c, x, y 처럼 문자로 두기도 하지.

또 '어떤 수를 제곱한 수'처럼 한 문장 자체를 문자로 두기도 해. 어떤 수를 x라고 두면 어떤 수를 두 번 곱한 수는 x^2(x의 제곱)이 되잖아. 그래서 x^2, x^3처럼 문자에 차수가 생기기도 해.

이렇게 식을 문자로 표현하면 동류항끼리 계산도 할 수 있어.

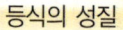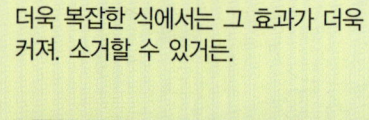

문자도 수처럼 계산할 수 있다
프랑수아 비에트

프랑수아 비에트

16세기의 가장 위대한 프랑스의 수학자 비에트는 라틴어 이름인 비에타(Vieta)라고도 부르기도 해. 그가 쓴 많은 책에는 비에타라는 이름으로 기록되어 있거든. 그는 고등법원 판사로 일하면서도 대부분 수학을 공부하면서 시간을 보냈어. 그가 출판한 책 중 〈해석학 서설〉에서는 모르는 양이나 변하는 양을 나타낼 때에는 A, E, I, O, U와 같이 모음을 사용하고, 알고 있는 양이나 고정된 양을 나타낼 때에는 자음을 사용했어. 또한 어떤 것의 제곱을 Aq, 어떤 것의 세제곱은 Ac로 간결하게 나타내면서 기호의 계산을 더욱 발전시켰지. 비에트에 관한 재미있는 일화가 있어. 베네룩스 제국의 대사는 앙리 4세에게 프랑스에는 자기나라의 로마누스가 제시한 45차방정식의 근을 구할 수 있는 사람이 없을 거라고 큰소리를 쳤대. 그래서 앙리 4세는 비에트에게 그 방정식을 풀라고 했지. 그랬더니 비에트는 단 몇 분만에 두 개의 근을 찾아내고, 그 뒤에 21개의 근을 더 찾아냈어 (하지만 그때까지만 해도 음의 근은 생각하지 못했어). 그 후 비에트는 로마누스에게 아폴로니우스의 문제를 풀어보라는 도전장을 냈고 로마누스는 구하지 못했지. 그는 로마누스에게 자신의 방법을 알려주면서 둘은 여행까지 같이 다니는 친구가 되었대. 또 비에트는 스페인과 전쟁 중에 수백 개의 문자로 된 암호문을 해독하는 데 성공하여 프랑스가 2년 동안 전쟁에서 유리한 전략을 세우는 데에도 크게 공헌했어.

● **비에트의 연구와 관련된 학문**
수학

● **저서**
보 기하학 (1569)
수학요람 (1579)
해석학 서설 (1591)
방정식의 수학적 해법 (1600)

● **관련 수학자**

▶ 3세기 디오판토스	▶ 16세기 비에트	▶ 16세기 해리엇	▶ 17세기 데카르트
방정식에 문자와 기호를 최초로 사용함.	x^2, x^3을 Aq, Ac로 나타냄.	x^2, x^3을 AA, AAA로 나타냄.	x^2, x^3과 같이 미지수의 현대식 표현을 사용함.

애너그램

애너그램이란 단어나 문장의 철자를 재배열해서 새로운 단어나 문장을 만드는 하나의 놀이야. 사용된 철자는 같은데 그 의미가 전혀 달라지는 것이 이 애너그램의 묘미일 거야. 몇 가지 예를 보여줄게.
   New York Times(뉴욕 타임즈) ↔ Monkey writes (원숭이 글쓰기)
   Dormitory(기숙사) ↔ Dirty Room(더러운 방)
한글로도 당연히 애너그램을 할 수 있어. 단어에 사용된 자음과 모음을 재배열 해 보는 거야. 절망을 희망으로 바꾸자는 공익광고에서 종종 사용하고 있는 '자살 ↔ 살자'도 그렇고 '방배역'의 철자 배열을 다시 해 '배방역'을 만들 수 있어. 애너그램은 창의력 개발에 도움이 많이 되는 놀이로 교육에도 활용되고 있어.

18 시몬 스테빈
소수를 표기하다

Simon Stevin

Simon Stevin(1548년~1620년)
네덜란드의 수학자, 물리학자, 기술자. 최초로 소수를 표기함.

소수의 종류

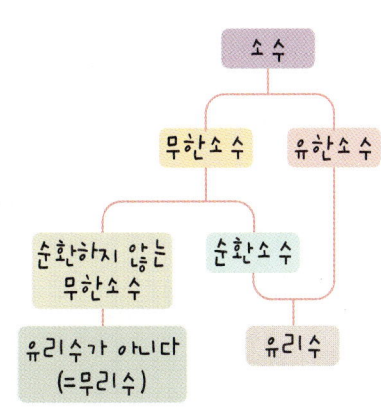

소수에도 종류가 있어. $\frac{1}{4}$을 소수로 나타내어 볼까? 분수를 소수로 나타내려면 분수의 분모를 10, 100, 1000,…으로 만들거나 분자를 분모로 직접 나누면 돼.

$$\frac{1}{4}=\frac{25}{100}=0.25 \qquad \frac{1}{4}=1\div 4=0.25$$

그런데 $\frac{1}{7}$을 소수로 나타내어 보려고 했더니 $1\div 7=0.142857\cdots$로 나누어 떨어지지 않아.

0.25처럼 소수점 아래 0이 아닌 숫자가 유한 개인 소수를 유한소수, 0.142857… 처럼 소수점 아래 0이 아닌 숫자가 무한하면 무한소수야.

최초로 소수를 표기한
시몬 스테빈

스테비누스라고도 불리우는 스테빈은 벨기에의 브뤼주에서 태어났어. 16세기 후반, 네덜란드가 스페인으로부터 독립전쟁을 하던 중에 네덜란드 군대는 군비가 모자라 상인에게 돈을 빌려 썼어. 그리고는 이자와 함께 갚곤 했지. 당시 스테빈은 네덜란드 군대의 경리부장이었는데 분수로 하는 이자 계산이 너무 어렵고 복잡하다는 생각을 가지고 있었지. 그래서 계산할 때 조금 더 편리한 방법을 연구했고, 그것이 놀라운 수학적 발명인 '소수'를 낳게 했어.

또 그는 이렇게 편리한 소수를 자기 혼자만 알고 있지 않고, 1582년 〈이자 계산표〉의 서적을 출판하여, 다른 상인들에게도 도움을 줬어.

그는 정부에 화폐나 도량형 제도를 십진법에 맞추자고 의견을 냈는데 이것은 프랑스 혁명에 이르러 겨우 실현되었다고 해.

스테빈이 아니었다면 유럽 수학에 십진법을 도입이 더욱 늦어졌을 거야. 또한 그의 연구는 여러 방면에 걸쳐 있었고, 문학적·군사적인 양면의 기술자로서 활약했어. 그중에서도 최대의 공헌은 역학(물체의 운동에 관한 법칙을 연구하는 학문) 분야의 업적으로써 그의 저서 〈균형의 원리〉에 고스란히 담겨 있어.

● **스테빈의 연구와 관련된 학문**
수학, 물리학, 기술

● **저서**
이자 계산표 (1582)
응용 산술 (1585)
10분의 1에 관하여 (1585)
균형의 원리 (1586)

● **관련 수학자**

▶ 1584년 스테빈	▶ 16세기경 뷔르기	▶ 1617년 네이피어	▶ 18세기 월리스, 베르누이
최초로 도입한 소수 개념을 발표.	소수의 자리를 나타내기 위해 처음으로 점을 이용함. 여러 개의 점을 사용함.	지금과 같은 소수점 방식을 써서 소수점을 나타냄.	순환소수의 이론을 처음 발표함.

0.99999…가 1과 크기가 같다고?

0.99999…로 끝나지 않는 소수가 있어. 무한소수지. 그런데 이 수가 1과 크기가 같다는 걸 알겠니? 0.99999…이면 0.11111…만큼 1보다 작은 것 아니냐고 질문할 거야.

$\frac{1}{3}$에 3을 곱하면 1이야. 그런데 $\frac{1}{3}$을 소수로 나타내면 0.33333…이 돼.

0.33333…에 3을 곱하면 다시 0.99999…야. 결국 0.99999…가 1과 같다는 결론이 나와. 만일 0.99999…가 1보다 작다고 가정하면 두 수 사이에 다른 수가 존재해야 해. 그러나 0.99999…는 소수점 아래에 9라는 숫자가 무한히 존재하기 때문에 두 수 사이에 존재하는 다른 수를 찾을 수가 없어.

즉 0.99999…보다 크고 1보다 작은 수를 찾을 수 없으므로 0.99999…=1이야.

19 존 네이피어
로그를 발명하다

John Napier

John Napier(1550년~1617년)
영국의 수학자. 로그를 발명함.

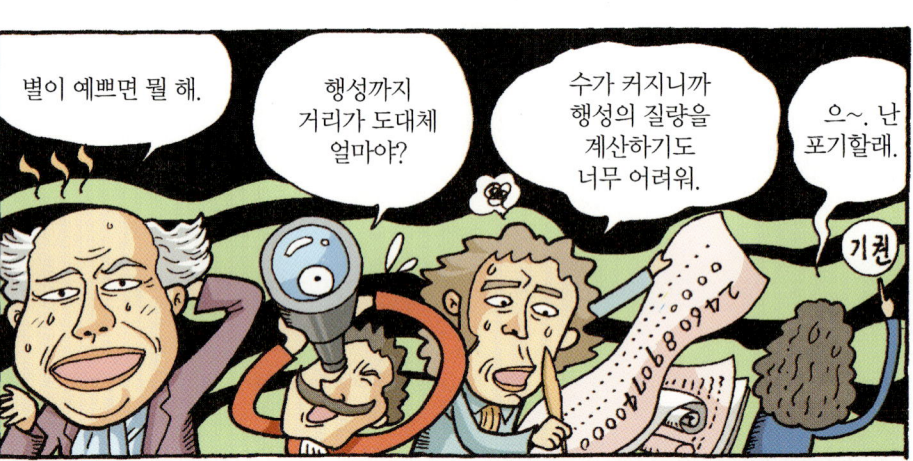

로그로 지수방정식 풀기

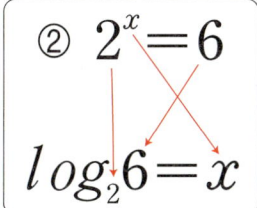

① $2^x = 4$

② $2^x = 6$

$log_2 6 = x$

왼쪽과 같이 미지수가 지수의 자리에 있는 방정식을 풀어보려고 해.
① 2를 2번 곱하면 4가 되므로 $x=2$라는 것을 알 수 있어.
그렇다면 ②와 같은 식은 어떨까?
2를 2번 곱하면 4, 3번 곱하면 8인데 도대체 2를 몇 번 곱해 6이 된다고 할 수 있을까? 우리는 이때의 x값을 로그(log)를 사용하여 $log_2 6$과 같이 표현할 수 있어.
이 값은 약 2.584962…인데, 그건 로그표를 통해 알 수 있지.
$log_2 6$은 '밑을 2로 하고 진수가 6인 로그'라고 읽어.

큰 수의 곱셈을 로그의 덧셈으로 바꾼
존 네이피어

존 네이피어

수학은 복잡한 표현을 간단하게 하는 것이 중요한 학문이야. 오늘날처럼 컴퓨터나 계산기가 없던 시대에는 복잡하거나 큰 수의 계산이 여간 골치 아픈 일이 아니었지. 영국의 귀족 가문에서 태어난 네이피어는 13세에 세인트 앤드루스 대학에서 공부한 후 프랑스로 유학을 갔어.

네이피어의 가장 큰 업적은 바로 로그(log)의 발명이야. 천문학이 발달되면서 행성 간의 거리의 계산이나 행성의 질량 계산 등 엄청나게 큰 수를 계산해야 하는 상황에서 천문학자들은 불편이 이만저만이 아니었지. 로그(log)란 그리스어인 logos(비율)와 arithmos(수)의 합성어야. 그는 거듭제곱꼴의 밑과 지수를 간단하게 표기하여 이를 서로 계산할 수 있게 하였어.

프랑스의 천문학자 라플라스는 네이피어가 로그를 만든 것은 많은 천문학자들의 수명을 2배로 연장시킨 일이라고까지 말했어. 또한 독일의 천문학자 케플러는 네이피어의 로그가 행성의 움직임에 관한 세 번째 법칙을 발견하는데 매우 중요한 아이디어를 줬다며 〈천문력〉이라는 책을 그에게 바친다고 했지.

계산기와 컴퓨터의 발달로 로그는 이제 더 이상 쓰이지 않지만, 곱셈을 덧셈으로 바꾸어놓은 로그의 중요성은 여전히 대단한 발명으로 여겨지고 있어. 네이피어는 로그뿐 아니라 지금 우리가 사용하고 있는 방식과 같은 소수 표기법을 소개하기도 했어.

● **네이피어의 연구와 관련된 학문**
수학

● **저서**
경이적인 로그법칙의 기술 (1614)
경이적인 로그법칙의 구조 (1619)

● **관련 수학자**

▶ 1594년 네이피어	▶ 1614년 네이피어	▶ 1615년 브리그스	▶ 17세기 초 스테빈
로그를 발명함.	로그의 내용을 담은 책을 펴냄.	상용로그표를 완성함.	복리계산표를 만들어 로그 계산을 더욱 쉽게 함.

지진의 큰 진폭을 알기 쉽게 나타내려면?

최근 들어 세계적으로 지진이 빈번하게 발생되고 있어서 걱정이 커. 지진의 세기를 진도라고 하는데 진도 3은 트럭이 지나가는 것 같은 진동이 있는 것이고, 진도 8은 창문이 떨어져 나가는 정도야.

하지만 보다 정확한 지진의 세기를 측정하기 위해 1935년 리히터가 개발한 척도인 '규모'를 사용해. 지진의 규모는 지진이 발생한 곳에서 100km 떨어진 곳에서 지진계로 측정한 파동에 의해 결정되는데 이 지진의 파동의 폭은 지진에 따라 큰 차이가 있어. 그래서 이런 큰 차이를 로그로 축소시켜 알기 쉽게 나타내지.

지진파의 최대 진폭이 A 마이크론인 지진의 규모 M은 상용로그(밑이 10인 로그, 10을 생략할 수 있어)를 이용하여 '$M = \log A$'와 같이 나타내.

20 토마스 해리엇
최초로 인수분해를 사용하다

Thomas Harriot

Thomas Harriot(1560년~1621년)
영국의 천문학자, 수학자. 대수학의 근대적 정식화에 공헌함.

안녕, 난 토마스 해리엇이라고해.
영국의 수학자야.

내 이름 뒤에는 '최초'란 수식어가 많이 붙어 있어.

그중에서도 인수분해 '최초' 사용은 수학사에 큰 영향을 끼쳤지.
축하합니다. '인수분해 1호 사용자'십니다.

먼저 인수분해가 무엇인지부터 알아볼까?

인수분해란 하나의 복잡한 수나 식을 여러 개의 단순한 식의 곱의 꼴로 나타내는 걸 말해.
인수분해한 식을 풀어 쓰는 것을 전개라고 해.

옷을 짜기 위해 복잡하게 엉킨 실타래를 풀어내는 것과 같은 이치야.
한땀 한땀 장인의 손길로….

인수분해를 통해 분해된 식을 '인수'라고 해.

여기 $3Y^2$을 인수분해 해볼까?

곱셈공식과 인수분해

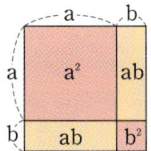
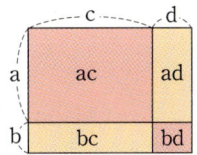

곱셈공식은 다항식의 곱셈을 할 때 빠르고 편리하게 계산할 수 있도록 해주는 공식이야. 곱셈공식은 어떤 식을 전개하기 위해 필요하고, 인수분해는 전개된 식을 다시 간단히 나타내기 위해 필요해. 다음은 가장 대표적인 곱셈공식이야.

* $(a+b)^2 = a^2 + 2ab + b^2$
* $(a+b)(c+d) = ac + bc + ad + bd$

왼쪽 그림으로 보면 더욱 이해가 쉬울 거야. 곱셈공식과 인수분해는 같은 사각형의 넓이에 대해 표현한 식이 다를 뿐이야.

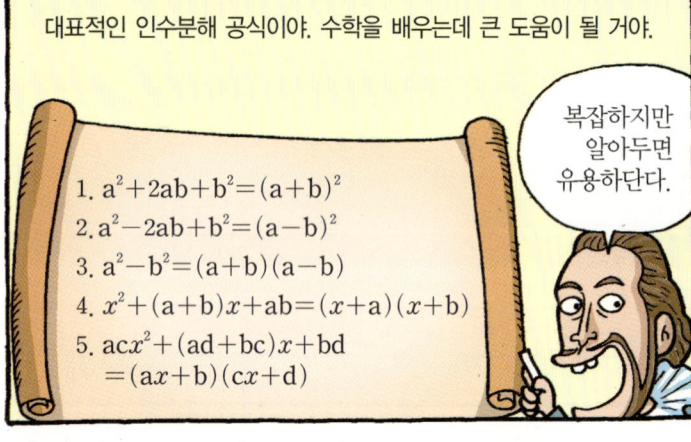

인수분해로 식을 간단히 한
토마스 해리엇

● 해리엇의 연구와 관련된 학문
수학

해리엇은 부등 기호와 인수분해를 최초로 도입하고, 달지도를 제작하는 등 수학과 천문학에서 큰 업적을 이루었지만 같은 시대에 활약했던 데카르트의 명성에 가려져 사람들에게 그리 많이 알려지지 않았어. 해리엇은 1560년 영국에서 태어났어. 1580년에 옥스퍼드 대학을 졸업하고 월터 롤리경의 수학교사로 고용되었지. 월터 롤리경의 도움으로 그는 신대륙을 여행하는 행운을 얻게 되었어. 신대륙에서 감자를 채집해 유럽에 들여왔고, 인디언들로부터 담배 건조기술을 배워 전파하기도 했지. 여행 중에도 해리엇은 수학과 천문학 연구를 게을리 하지 않았어. 특히 최근에는 갈릴레오보다 6개월 앞서 그린 헤리엇의 달 지도가 발견되어 그의 천문학적 업적이 세계에 알려지기도 했지. 해리엇은 영국 최초의 대수학자로 불리고 있어. >, < 같은 부등 기호를 해리엇이 최초로 사용했기 때문이야. 또 비에트의 지수표기법을 개선해 AAA를 A^3으로 간단하게 표기하기도 했어. 하지만 무엇보다 해리엇의 가장 큰 수학적 업적은 수학사 최초로 인수분해를 사용했다는 점이야. 인수분해는 복잡한 식을 간단한 식의 곱으로 나타내는 것인데, 예를 들어 ab^3을 $a \times b \times b \times b$로 나타내는 방식이지. 이로써 기존의 문제풀이는 방정식의 해를 찾는 것에서 인수분해를 하는 것으로 바뀌게 되어 방정식 풀이 기법이 크게 향상되었어.

● 관련 수학자

▶ 16세기 해리엇	▶ 1643년 페르마	▶ 1801년 가우스	▶ 1824년 아벨
인수분해를 최초로 사용함.	큰 수의 인수를 찾는 법을 설명함.	대수학의 기본정리를 발표함.	인수분해를 이용하여 5차 방정식을 풀 수 없음을 증명함.

인수분해를 하는데 수백 년?

RSA암호는 전자서명이 가능한 최초의 암호체계로 전자상거래에 널리 쓰이고 있어. 소수와 인수분해의 성질을 이용한 RSA암호는 두 소수의 곱이 어떤 수로 이루어 졌는지를 찾는 데 많은 시간이 소요된다는 수학적 사실을 바탕으로 설계되었지.

예를 들어 암호를 걸 때 4529524369라는 수를 열쇠로 사용했는데, 이 암호를 풀려면 곱해서 4529524369이 나오는 소수 두 개를 알아내야 해. 이걸 구하려면 차례대로 수를 나눠보지 않고서는 알 수가 없어. 답은 48611과 931779야. 물론 컴퓨터를 이용하면 쉽게 구할 수 있겠지만 만약 200자리가 넘는 소수들의 곱으로 이루어진 암호라면 컴퓨터로 계산하더라도 수백 년이 넘게 걸린다고 해.

21 르네 데카르트
좌표를 고안하다

René Descartes

René Descartes(1596년~1650년)
프랑스의 철학자, 수학자. 평면좌표를 고안함. 해석기하학을 창시함.

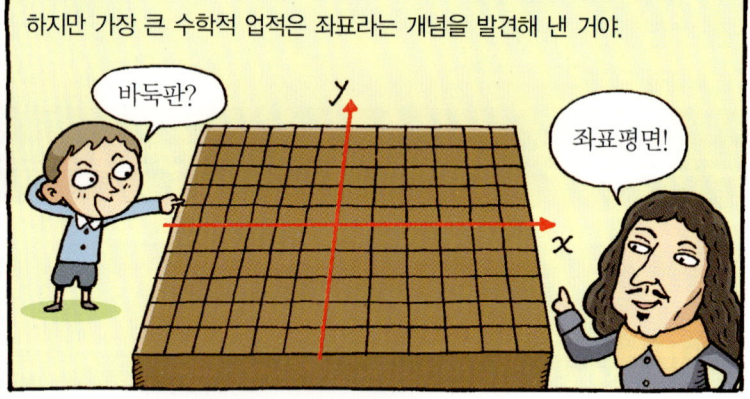

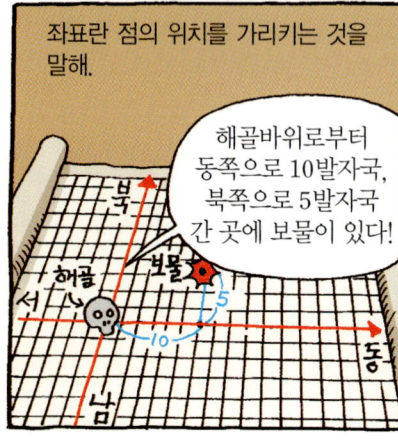

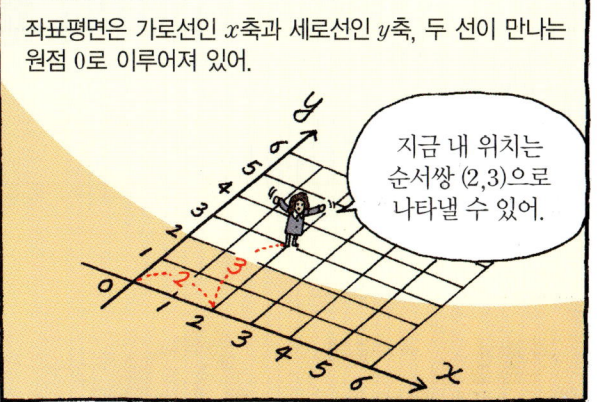

차원과 좌표

좌표는 차원에 따라 그 형태가 달라지는데, 일반적으로 1차원은 선, 2차원은 면, 3차원은 공간, 4차원은 공간에 시간의 개념이 더해진 것을 말해.

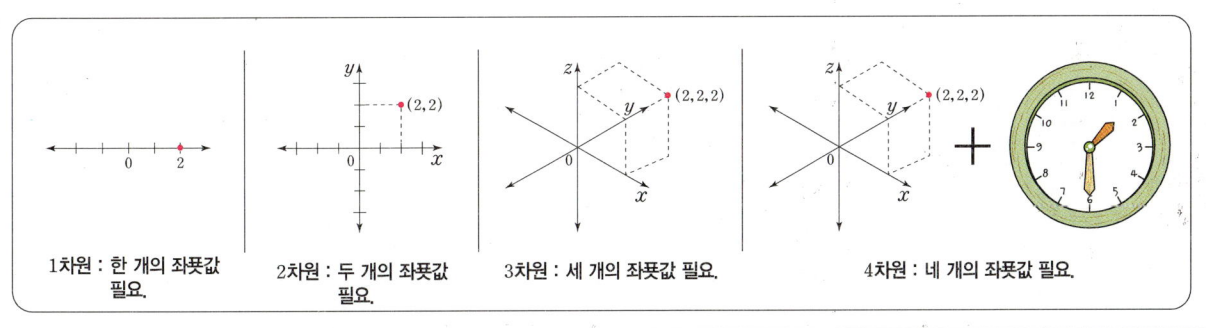

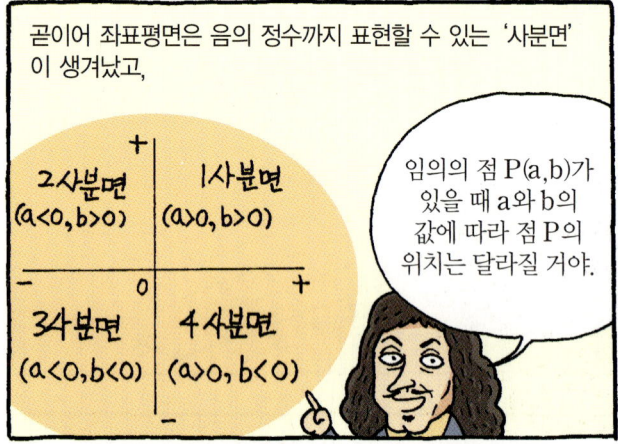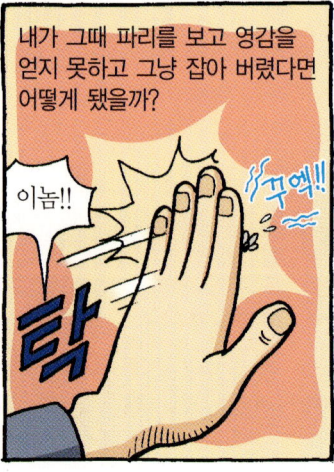

점의 위치를 좌표평면에 나타낸
르네 데카르트

르네 데카르트

● 데카르트의 연구와 관련된 학문
  수학, 철학

● 저서
  방법서설 (1637)

'나는 생각한다, 그러므로 나는 존재한다.' 라는 유명한 말을 남긴 데카르트는 많은 사람들에게 수학자보다는 철학자의 이미지로 기억되고 있어. 그는 1596년 프랑스 중부의 귀족 집안에서 태어났어.

10살 때 라 플레슈 학원에 입학해 철학 교육을 받고 1616년엔 대학에 들어가 법학 공부를 했지. 하지만 공부를 하면 할수록 자신의 무지함을 깨달았던 그는 공부를 그만두고 방황을 하다 돌연 군대에 가게 되었어. 그리고 그곳에서 의사이자 수학자인 베이크만과 알게 되어 수학에 발을 들여놓게 되었어.

좌표평면도 군대에 있을 때 우연히 생각해낸 거야. 막사 천장에 붙어 있는 파리를 보고 파리의 위치를 정확히 나타낼 수 있는 방법을 찾다가 나온 아이디어지. 그는 좌표평면 위에 x축, y축에 대한 정의를 내렸고 음수와 양수의 개념도 도입해 오늘날 우리가 사용하고 있는 좌표의 모양을 완성했어.

이런 좌표평면은 그 당시까지 분리된 기하학과 대수학을 한자리에 모이게 하는 역할을 했어. 직선과 원, 이차곡선 같은 것들을 좌표평면 위에 나타냄으로써 지금껏 눈에 보이지 않던 추상적인 식들이 눈에 보이게 된 거지.

그는 학문 가운데 수학만이 확실한 것이라고 보고, 철학 역시 수학처럼 분명히 드러나는 진리를 출발점으로 삼아야 한다고 말했어.

● 관련 수학자

▶ 1360년경 **니콜 오렘**
점을 좌표로 표기함.

▶ 1617년 **데카르트**
평면좌표를 최초로 도입함.

▶ 1619년 **페르마**
해석기하학에 좌표법을 도입함.

▶ 1635년 **카발리에리**
극좌표를 도입함.

우리나라는 지구의 어디쯤에 있을까?

지구에도 좌표가 있다는 것 알고 있니? 바로 위도와 경도야. 위도는 적도를 기준으로 남쪽 또는 북쪽으로 얼마나 떨어져 있는지 나타내는 위치이고 경도는 영국의 그리니치 천문대를 기준으로 동쪽 또는 서쪽으로 얼마나 떨어져 있는지 나타내는 위치야. 그래서 위도와 경도만 알면 지구의 어디를 가리키는지 알 수 있어.
참고로 한반도의 위치는 아래와 같아.
극북(極北) : 북위 43° 1′ (함경북도 온성군 유포진 북단)
극남(極南) : 북위 33° 6′ (제주 남제주군 마라도 남단)
극동(極東) : 동경 131° 52′ (경상북도 울릉군 독도 동단)
극서(極西) : 동경 124° 11′ (평안북도 용천군 마안면 서단)

22

피에르 페르마
360년간 풀리지 않은 문제를 제시하다

Pierre de Fermat(1601년~1665년)
프랑스의 수학자, 정수론과 확률론의 창시자. 페르마의 마지막 정리를 제시함.

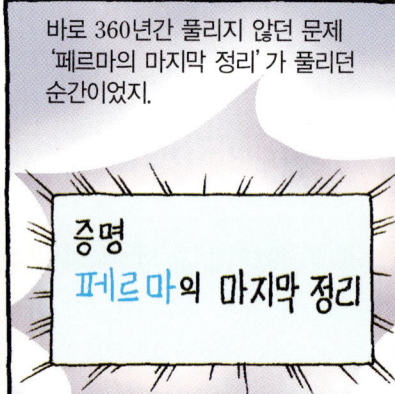

페르마의 또 다른 업적 – 페르마의 원리

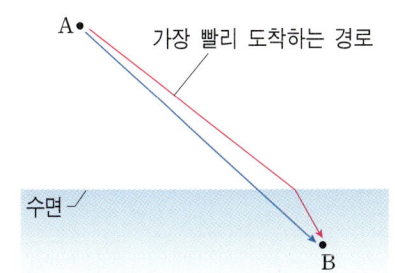

페르마는 수학뿐 아니라 물리학에도 관심이 많았어. 그는 빛이 도달하는 경로는 최단 시간으로 이동하는 경로를 택한다는 것을 '페르마의 원리'를 통해 밝혀냈어.

A에서 나온 빛이 물속의 B에 가장 빨리 도달하려면 파란 경로와 붉은 경로 중 어느 쪽으로 가는 게 좋을까? 대부분 직선 경로인 파란 경로를 선택할 거야. 하지만 물속에서는 이동속도가 달라지므로 물의 경계면과 B와의 경로가 더 짧은 붉은 경로가 더 빨리 도착해.

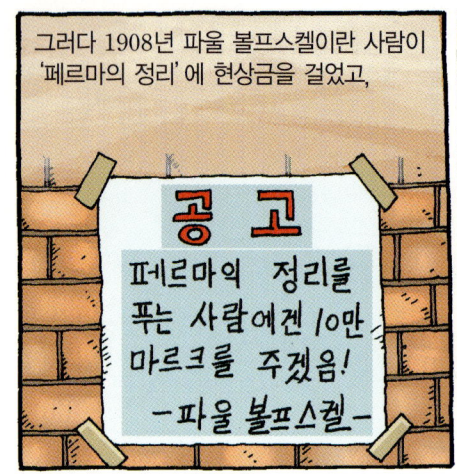

수학, 그 자체를 즐겼던
피에르 페르마

피에르 페르마

● 페르마의 연구와 관련된 학문
수학

프랑스 출신의 페르마는 전문 수학자가 아닌 취미로 수학을 하는 아마추어 수학자였어. 그 어려운 수학을 취미로 하다니 이해가 잘 안 되지? 비록 아마추어 수학자라고 하지만 그가 남긴 업적은 다른 어떤 전문 수학자들보다 뛰어나 그를 17세기 최고의 수학자로 꼽히게 했어. 페르마의 정식 직업은 법률가로서 지방의회의 의원이었어. 그는 따로 수학을 배우지 않고 그리스의 수학자 디오판토스가 저술한 〈아리스메티카〉란 책으로 혼자 공부했어. 페르마는 명성보다는 수학 그 자체에 관심이 많았어. 수학을 풀어 나온 결과를 논문으로 발표하는 대신 동료들과 편지로 주고받으며 의견을 교환하곤 했지. 그리고 자신이 증명한 내용이나 의문점들은 자신의 책 귀퉁이나 여백에 적어두곤 했어. 그렇게 적어둔 내용을 페르마가 죽고 난 이후 그의 아들이 책으로 내었는데 그중 한 문장이 수학계를 360년간이나 혼란에 빠뜨렸어. 이게 바로 '페르마의 마지막 정리'야. 페르마는 책 귀퉁이에 자신의 가설을 써두고는 '나는 놀라운 방법으로 이 정리를 증명하였지만, 여백이 부족하여 증명은 생략한다'라고 짤막하게 적어놓았어. 360년이나 수학자들의 골머리를 썩게 한 이 문제는 마침내 1993년 영국의 수학자 앤드루 와일즈에 의해 증명되었지. 결국 페르마의 마지막 정리는 수학자들의 호기심을 자극해 수학이 비약적으로 발전할 수 있게 하는 밑거름 역할을 한 셈이야.

● 관련 수학자

▶ 1770년 오일러
페르마의 마지막 정리에서 $n=3$일 때 증명함.

▶ 1825년 드장드르
페르마의 마지막 정리에서 $n=5$일 때 증명함.

▶ 1908년 볼프스켈
페르마의 마지막 정리 증명에 볼프스켈상이란 이름의 상금을 걸었음.

▶ 1993년 와일즈
페르마의 마지막 정리를 증명함.

페르마가 혼자 보며 공부한 책 〈아리스메티카〉는?

페르마는 독학으로 수학을 배웠는데 그가 항상 들고 다닌 책이 그리스의 수학자 디오판토스가 저술한 '아리스메티카'야. 디오판토스는 3세기 후반 알렉산드리아에서 활약한 그리스 수학자야. 대수학의 아버지라 불리지. 아리스메티카는 모두 13권으로 구성되어 있는데 중세 암흑기를 거치면서 반 이상이 소실되어 현재 6권만이 남아 있어. 이 책은 처음에 아라비아어로 번역되어 그곳 학자들에게 영향을 끼쳤고, 뒤에 라틴어로 번역되어 중세 말기에 유럽으로 전파되어 대수학 발달에 크게 공헌했어.

23 블레즈 파스칼
신비한 수의 삼각형을 연구하다

Blaise Pascal

Blaise Pascal(1623년~1662년)
프랑스의 수학자. 파스칼의 삼각형으로 이항식을 설명함.

안녕? 난 파스칼의 계산기, 파스칼의 삼각형으로 유명한 파스칼이야.

수학을 공부하지 못하게 한 아버지의 말이 날 더 수학공부를 하게 자극시켰지.
언어 공부만 하거라.
몰래라도 수학공부를 해야지.

더구나 난 허약체질이어서 다른 아이들처럼 마구 뛰놀 수 없었어.
그냥 공부나 해야겠다.

그래서 14살밖에 안 된 나이에 프랑스의 기하학회에 나갈 정도의 실력이 되었지.
아니 저 어린 애가…? 아빠 대신 왔나?
아~ 이거!

또한 확률에도 관심이 많아 도박에서의 확률도 연구했어.
확률상 또 잃겠군.

그런데 확률을 연구하던 중에 특이한 삼각형에 관심을 가지게 되었어.
어? 이게 뭐지?

바로 파스칼의 삼각형이야. 아주 간단한 덧셈만 할 수 있으면 만들 수 있는 이 삼각형이 복잡한 지수, 대수, 수론 등을 설명하는 데 유용한 도구가 되었던 거야.
바로 위의 두 수를 더해 아래에 쓰면 파스칼의 삼각형이 완성돼.

어떻게 그래요?

얘들아 무슨 일이야?

조합과 순열

사탕이 10개 있어. 이 사탕을 연속해서 2개 고르려고 해. 그러면 10개 중 2개를 고르는 경우를 따지면 되겠지? 이것을 **조합**이라고 해.

그런데 사탕은 모두 다른 맛이고, 먼저 무엇을 고를까 고민을 하게 될 때가 있어. 이렇게 먼저 고르고 나중에 고르는 순서를 생각해서 고르는 경우는 **순열**이라고 하지. 전체 4개 중 3개를 선택하는 조합은 $_4C_3$으로, 순열은 $_4P_3$으로 나타내. 그런데 조합과 순열에서 재미있는 점이 있어. 만일 둘 중 하나를 선택하는 상황에서 아무것도 선택하지 못했다면 어떨까? $_2C_0=1$, $_2P_0=1$이야. 즉, 아무것도 선택하지 못한 것도 하나의 선택이 된 거야. 굉장히 철학적이지?

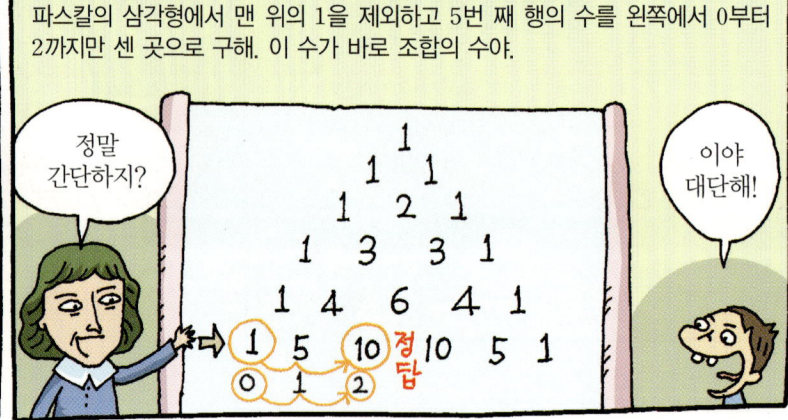

수삼각형을 연구한
블레즈 파스칼

블레즈 파스칼

● **파스칼의 연구와 관련된 학문**
수학, 과학, 철학

● **저서**
원뿔곡선의 시론 (1640)
팡세 (1670)

파스칼의 아버지는 정통적인 교육 방식이 마음에 들지 않아 자신이 직접 아들을 가르쳤어. 그리고는 파스칼이 15세 이전에 수학을 공부하지 못하게 하려고 집에 있는 수학책을 모두 없애 버리려고 했지. 하지만 이 일로 인해 파스칼은 수학에 대해 더욱 호기심을 가지게 되었고, 12세부터 혼자 기하학을 공부하기 시작했어. 결국 파스칼은 혼자서 삼각형의 세 각의 합이 직각의 두 배와 같다는 것을 발견하였고, 이를 본 그의 아버지도 그가 수학을 공부하는 것을 허락했지. 1640년 16세의 어린 나이로 〈원뿔곡선의 시론〉이라는 책을 출판했는데 이 책은 겨우 1페이지였지만, 역사상 가장 중요한 내용을 담은 1페이지로 기억되고 있어.

그가 연구한 파스칼의 삼각형은 조합에 대한 답을 찾을 수 있을 뿐 아니라, 피보나치 수열도 찾을 수 있어. 또 $(a+b)^1$, $(a+b)^2$, $(a+b)^3$, …과 같은 식을 전개했을 때의 이항계수(문자 앞의 수)를 순서대로 배치해 놓은 재미있고 편리한 삼각형이야. 예를 들어 $(a+b)^3$을 전개하면 $a^3+3a^2b+3ab^2+b^3$가 되는데 이때의 이항계수(1, 3, 3, 1)가 파스칼의 삼각형의 3번 째 행과 같거든. 그는 수학과 물리학을 결합하여 연구하는 것을 좋아했으며 카르다노와 편지를 주고받으며 확률에 대한 기초도 세웠어.

파스칼은 위의 악성 종양이 뇌로 전이되어 격렬한 고통 속에 39세의 나이로 죽기 직전까지 수학에 대한 연구를 손에서 놓지 않았다고 해.

● **관련 수학자**

▶ 12세기 바스카라
수학으로써의 경우의 수를 따지는 것인 순열과 조합을 처음 발견함.

▶ 17세기 파스칼
파스칼의 삼각형을 연구함.

▶ 17세기 라이프니츠, 베르누이
순열과 조합을 이론적으로 연구함.

시에르핀스키 삼각형

…

정삼각형에서 세 변의 중점을 이으면 처음 삼각형 안에 작은 정삼각형이 만들어져. 가운데의 정삼각형을 떼어버리고, 남은 세 정삼각형 각각에도 세 변의 중점을 이어 가운데 정삼각형을 버리기를 무한히 반복하면 시에르핀스키 삼각형을 얻을 수 있어. 1917년경 폴란드의 수학자 시에르핀스키가 제시한 삼각형이야. 가운데 삼각형을 무한 번 잘라냈으니 변의 길이의 합은 무한대, 넓이는 0이 되어버려.

파스칼의 삼각형에서 홀수 부분만 색칠하면 시에르핀스키 삼각형의 모양이 나와. 그래서 시에르핀스키 삼각형도 파스칼의 삼각형처럼 수열 문제에서 다양하게 응용할 수 있지.

24 아이작 뉴턴
변화를 측정하는 미분

Isaac Newton

Isaac Newton(1642년~1727년)
영국의 물리학자, 수학자. 만유인력과 미적분학을 발견함.

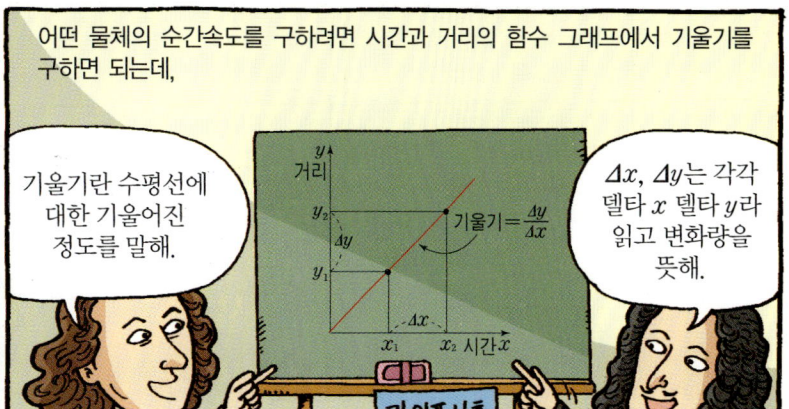
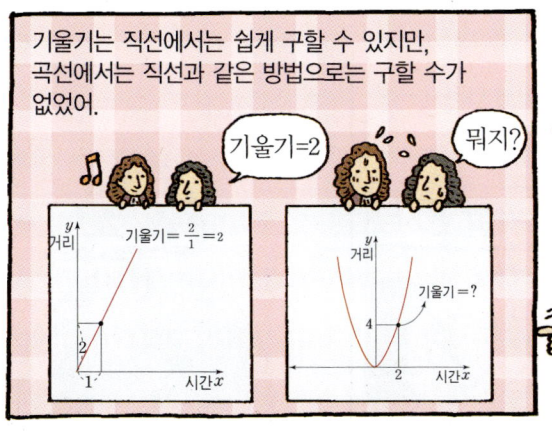
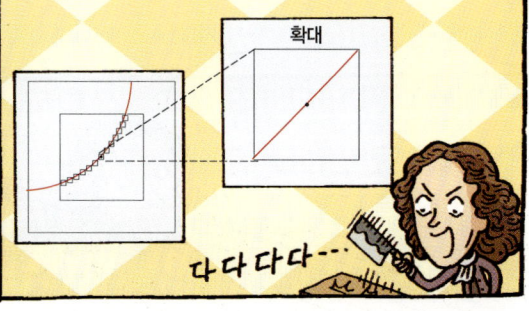

평균속도와 순간속도

뉴턴은 어느 한 지점의 순간속도를 구하던 중에 미분을 발견했어.
그럼 우리가 흔히 말하는 속도는 과연 어떻게 구하는 걸까?
가장 대표적인 수치인 평균속도와 순간속도에 대해서 알아보자.

- 평균속도 : 속도가 일정하지 않은 운동에서 이동한 거리를 소요된 시간으로 나눈 값

  예) 자동차가 300 km를 3시간에 달렸을 때 평균속도
  $\dfrac{300}{3} = 100$ km/h

- 순간속도 : 아주 짧은 시간 동안의 물체가 이동한 직선 거리

  예) 자동차가 달린지 2시간째 되는 시점에서의 속도

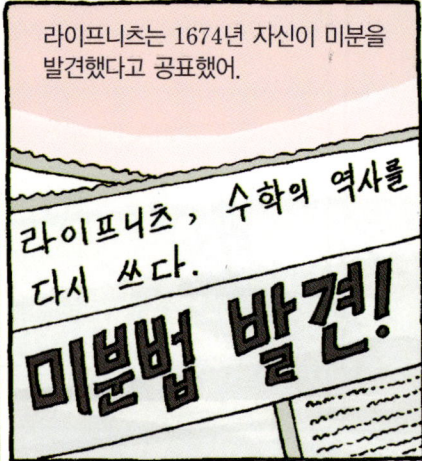

라이프니츠와 독자적으로 미분을 발견한
아이작 뉴턴

아이작 뉴턴

● **뉴턴의 연구와 관련된 학문**
수학, 물리학, 천문학

● **저서**
프린키피아 (1676)

사과는 왜 떨어지는가? 사과가 땅에 떨어지는 것을 보고 만유인력의 법칙을 생각해낸 뉴턴, 모두들 알고 있지? 뉴턴은 1643년 영국 링컨셔의 작은 마을에서 태어났어. 아버지가 일찍 돌아가셔서 집안 형편이 넉넉하지 않았기에 학교의 허드렛일을 하며 생활비를 버는 근로학생 자격으로 공부를 했지만 그는 역사에 이름을 남길 정도의 위대한 업적들을 이루어 냈지. 손수 망원경을 만들고 연금술에 심취했으며 심지어 국회의원까지, 매우 다양한 분야에 관심이 많았고 배우려고 했어. 그만큼 지적 호기심이 남달랐다는 얘기야. 그는 유명한 과학자이기도 하지만 수학자로서도 큰 업적을 남겼어. 특히 미분법의 발견은 수학사에 커다란 전환점을 제시할 정도의 중요한 발견이었지. 그는 물리학에서 중력가속도를 계산하기 위한 연구를 하다가 미분을 발견하게 되었어. 미분은 포탄의 궤적, 파도의 출렁임, 행성의 움직임과의 관계 등, 전에는 알 수 없었던 수많은 자연법칙들을 설명해 주는 놀라운 업적이야. 그러나 미분의 발견을 누가 먼저 했는지에 대한 뉴턴과 라이프니츠와의 다툼은 영국과 유럽의 수학계를 단절시켜 영국의 수학 발전을 100년이나 늦춰지게 하는 등 안타까운 결과를 초래하기도 했어. 미분은 그 후로도 오일러나 라그랑주같은 뛰어난 수학자들에 의해 크게 발전하게 되었고 현대 수학에 없어서는 안 될 분야로 자리 잡게 되었어.

● **관련 수학자**

▶ 1665년 뉴턴	▶ 1674년 라이프니츠	▶ 1775년 라그랑주	▶ 1820년 뉴턴, 라이프니츠
미분법을 발견함.	미분법의 발견을 공표함.	선형 미분방정식의 해를 구함.	뉴턴과 라이프니츠가 미분을 독자적으로 발견한 것으로 인정됨.

뉴턴이 미분을 발표하지 않은 이유는?

뉴턴은 자신의 발견을 학회에 발표하는 것을 매우 꺼렸어. 자신의 연구 결과가 남들에게 도용당하고 비판받을 것을 두려워했기 때문이야. 그가 왕립학회회원으로 있을 때 광학에 관한 논문을 처음 실었을 때 로버트 훅이라는 학자가 뉴턴의 논문에 긴 비판의 글을 실은 적이 있었어. 뉴턴도 훅의 비판에 반박을 했고, 둘 사이는 점점 더 악화되었지. 결국 이 일은 31년이 지난 후 훅이 사망하고 나서야 끝이 났어. 이같은 일에 지친 뉴턴은 새로운 발견을 하더라도 발표하는 일을 꺼리게 된 거지. 이 일은 전 세계적으로 큰 손실이라고 볼 수 있어. 새로운 학설이 발표되는 게 늦을수록 그만큼 학문의 발전도 늦어지는 법이니까 말이야.

25
Jakob Bernoulli

야곱 베르누이
사이클로이드를 증명하다

Jakob Bernoulli(1654년~1705년)
스위스의 수학자, 사이클로이드의 원리를 수학적으로 증명함.

안녕, 난 야곱 베르누이야.

수학으로 유명한 베르누이 가문의 후손이지.

우리 가문은 17, 18세기를 주름잡은 유명한 수학자들을 배출해서 유명해 졌지.

베르누이 가문 족보 수학자 120여명

이 집 식구들은 뭘 먹고 살기에 이렇게 수학을 잘해?

그중에서도 나와 내 동생 요한은 수학계에서 제일 유명했어. 그러나 우리는 사이가 좋지 않았지.

질투쟁이!! 고집쟁이!!

나와 동생의 사이가 틀어지게 된 원인은 공교롭게도 내가 제시한 문제 때문이었어.

자 문제 나간다. 홋, 긴장 풀고.

긴장 전혀 안 했거든?

높이가 다른 두 점 A, B가 있어. A에서 구슬을 굴렸을 때 B에 가장 빨리 도착하는 선은?

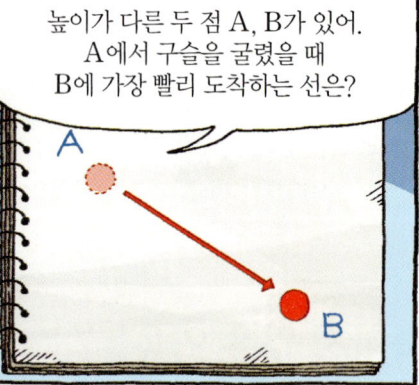

중력은 작용하고, 마찰은 없다고 치고.

언뜻 보기엔 매우 쉬워 보이지만 이 문제에 답을 낸 사람은 나를 포함해 겨우 5명뿐이었어.

뉴턴 라이프니츠 야곱 요한 로피탈

흔히 점과 점 사이의 최단 거리인 직선이 정답이라고 생각하는데,

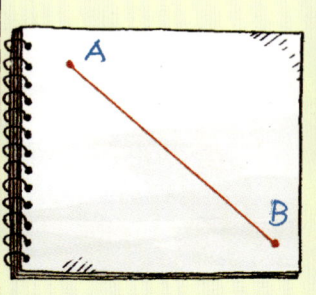

실은 이런 형태의 곡선이 정답이야.

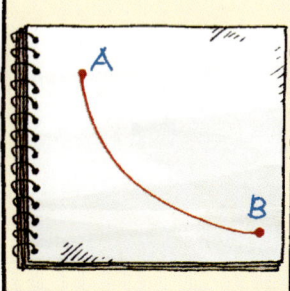

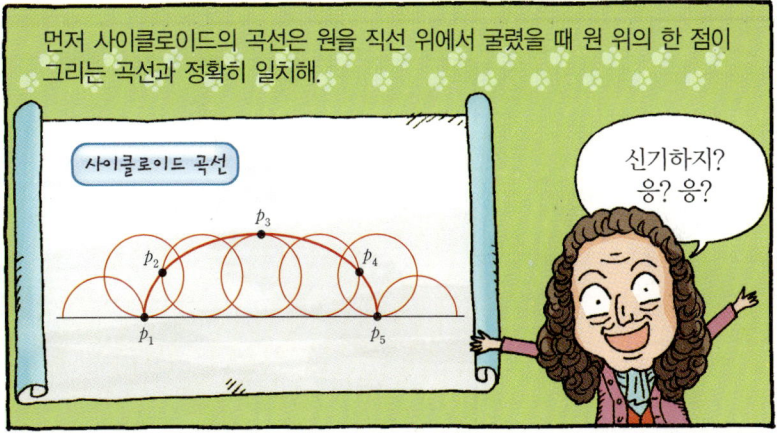

사이클로이드에서 더 빠른 이유

왜 최단거리인 직선보다 사이클로이드 위에서 물체가 더 빨리 이동할까? 그건 바로 중력가속도 때문이야. 중력가속도란 물체가 위에서 아래로 수직으로 떨어질 때 물체를 지구로 끌어당기는 중력에 의해 가속도가 붙는 것을 말해. 보통 g로 표기하지. 수치는 장소나 높이에 따라 다르지만 대략 $9.8 m/s^2$이야.

최근엔 지구 위의 위치에 따라 다른 중력가속도를 측정해 정확한 지구의 형태를 측정하거나 자원탐사에도 사용되고 있어.

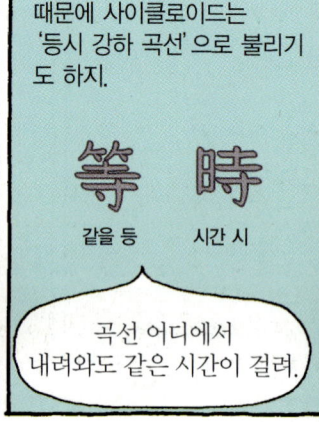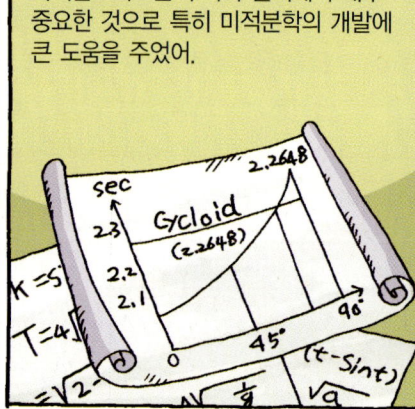

사이클로이드를 수학적으로 증명한
야곱 베르누이

● 베르누이의 연구와 관련된 학문
수학, 물리학

음악으로 유명한 독일의 요한 세바스찬 바흐 가문, 정치로 유명한 미국의 케네디 가문처럼 수학에도 명문가가 있어. 바로 스위스의 베르누이 가문이야. 세계적인 수학자가 한 집안에서 한 명이 나오기도 힘든데, 3대에 걸쳐 뛰어난 수학자를 8명이나 배출했다면 수학의 명문가로 불릴만 하겠지? 그중에서도 뛰어난 수학자를 꼽는다면 단연 야곱 베르누이를 들 수 있어. 그는 처음에 성직자가 되려고 했지만, 여러 나라를 여행하며 과학자와 수학자들과 친분을 쌓아가면서 수학에 전념하게 되었어. 야곱은 변분법을 만들고 확률론에 공헌하는 등 다양한 수학적 업적을 이루었고, 특히 사이클로이드(등시 강하 곡선) 문제로 유명해졌어. 사이클로이드란 원 위의 한 점이 직선 위를 굴러가면서 그리는 곡선 모양의 궤적을 말해. 이 곡선은 경사면에서 가장 빠른 속도를 내는 특성과 곡선 위에 어느 위치에 물체를 두던, 같은 시간 안에 최저점에 도착하는 특성을 지니고 있어. 이런 특성 덕에 사이클로이드는 건축이나 설계 분야에서 널리 이용되고 있지. 사이클로이드는 뉴턴이나 라이프니츠 같은 수많은 수학자와 야곱의 동생 요한 베르누이도 연구했던 분야였어. 야곱과 요한은 사이가 안 좋기로 유명했는데, 이 사이클로이드 풀이를 하면서 더욱 멀어지게 된 거야. 둘은 각기 다른 방법으로 문제를 푸는데 성공했지만 이 싸움은 4년 뒤 야곱이 사망한 뒤에야 끝났어.

● 관련 수학자

▶ 1599년 갈릴레이
사이클로이드의 이름을 지음.

▶ 1658년 파스칼
사이클로이드 연구를 발표함.

▶ 1673년 호이겐스
사이클로이드의 등시성을 발견함.

▶ 1696년 야곱 · 요한 베르누이
사이클로이드 문제를 풀어냄.

사이클로이드를 이용한 헬리콥터 '사이클로콥터'

사이클로이드는 항공 분야에서도 활용되고 있어. 최근 서울대의 공학도들이 만든 사이클로콥터가 시험비행에 성공했대. 헬리콥터는 날개가 회전축에 수직으로 돌지만 사이클로콥터는 여러 개의 날개를 하나로 묶어 회전축과 평행하게 돌아. 이런 시스템은 사이클로이드를 응용해 만든 것이라고 해. 그 결과 사이클로콥터는 소음이 적고 에너지 효율이 뛰어나 기존의 헬리콥터를 대체할 새로운 비행체로 각광받고 있어. 뿐만 아니라 여기에 사용된 기술은 수력 및 풍력발전에도 적용할 수 있어 미래의 친환경 에너지 사업에도 더욱 기대되고 있어.

26 아브라함 드무아브르
정규분포곡선을 발견하다

Abraham de Moivre

Abraham de Moivre(1667년~1754년)
프랑스 출신의 영국 수학자. 정규분포곡선을 발견함.

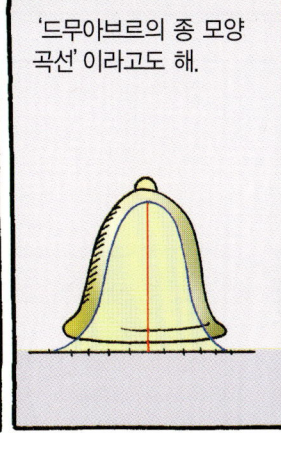

그래프로 표현하기

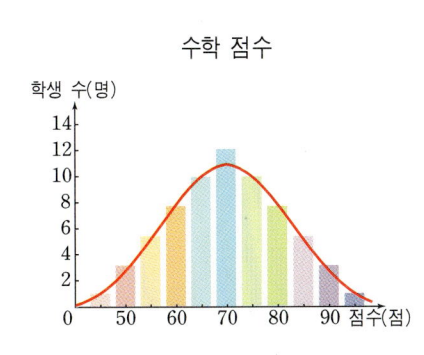

통계자료는 다양한 그래프로 나타낼 수 있어. 단순히 수치로만 보는 것보다 그래프를 그려 보면 보다 명확히 자료를 파악할 수 있지. 그래서 자료의 특성에 따라 알맞은 그래프로 나타내는 게 중요해. **막대그래프**는 수량의 많고 적음을 비교하는데 많이 쓰이고, **꺾은선그래프**는 자료의 늘고 줄어드는 변화의 모습을 보여주는데 효과적이야. 왼쪽과 같이 학생들의 수학 점수를 나타낼 때는 꺾은선그래프보다는 막대그래프가 알맞아. 막대그래프 위에 곡선을 그려 점수의 분포를 알아볼 수도 있어.

종 모양의 정규분포곡선을 발견한
아브라함 드무아브르

아브라함 드무아브르

● **드무아브르의 연구와 관련된 학문**
  수학, 통계학

● **저서**
  우연의 교의 (1917)
  해석잡론 (1930)

드무아브르는 지구상에 일어나는 대부분의 현상들이 보이는 분포를 설명하는 정규분포곡선을 발견한 수학자야.

정규분포곡선은 예측하기 힘든 확률 계산과 경제학 예측이 가능하도록 도와주는 역할을 해. 이는 통계학 분야에서 매우 중요한 업적으로 평가 받고 있고 지금까지도 유용하게 사용되고 있지.

하지만 위대한 업적과 다르게 드무아브르는 그리 순탄한 삶을 살지는 못했어. 프랑스의 가난한 외과 의사의 아들로 태어난 그는 신교도들에 대한 종교탄압으로 3년간 옥살이를 하고 종교의 자유를 찾아 영국으로 이민을 갔지. 영국에서 가정교사를 하고 글을 쓰며 겨우 생계를 이어간 그였지만 수학 교수가 되고자 하는 꿈을 버리지 않았어. 1697년 드디어 영국 왕립학회회원이 되었지만 영국은 그가 프랑스 인이라는 이유로 차별대우를 했어. 종교탄압을 피해 영국으로 왔지만 그곳엔 외국인 차별이라는 새로운 벽이 있었던 거지. 결국 교수가 되지 못한 드무아브르는 런던의 한 커피하우스에서 수학지식을 팔며 평생을 살았어.

확률과 통계에 남달랐던 그가 유명해진 또 다른 사건은 자신의 죽을 날을 미리 예측했던 일이야. 드무아브르는 자신의 수면시간이 매일 15분씩 길어진다는 사실을 깨닫고 자신이 24시간 자게 되는 날이 죽는 날이 될 거라 생각했지. 그리고 놀랍게도 1754년 11월 27일, 그가 예측한 시간에 숨을 거두었어.

● **관련 수학자**

▶ 1733년 **드무아브르**	▶ 1809년 가우스	▶ 1835년 케틀레	▶ 1889년 골턴
정규분포곡선을 발견함.	정규분포곡선을 응용하고 정리함.	정규분포곡선을 통계에 이용함.	우생학 연구에 정규분포를 이용함.

주사위의 확률도 정규분포곡선을 이룬다?

주사위는 모두 6면이고 각 면에 한 가지씩 모두 6가지의 숫자로 이루어져 있어. 6가지의 숫자 중 1이 나올 확률은 $\frac{1}{6}$이야. 실제로 주사위를 여러 번 던져서 1이 나오는 횟수의 분포는 어떨까?

주사위는 정규분포와 다르게 확률에 영향을 받기 때문에 정규분포곡선의 모습을 띄지 않고 한 쪽에 치우친 모습을 띄게 돼. 하지만 주사위를 10번, 50번, 100번, …으로 던지는 횟수를 무한대로 늘릴수록 숫자 1이 나오는 횟수의 분포는 정규분포곡선의 모습으로 변해 가. 예측이 힘든 주사위마저 결국 정규분포곡선 안에 속해 있다는 뜻이지.

27

Leonhard Euler

레온하르트 오일러
다면체를 구별하는 식을 만들다

Leonhard Euler(1707년~1783년)
스위스의 수학자, 물리학자. 오일러의 공식과 다양한 수학 기호를 고안함.

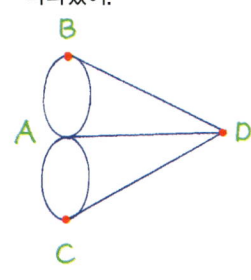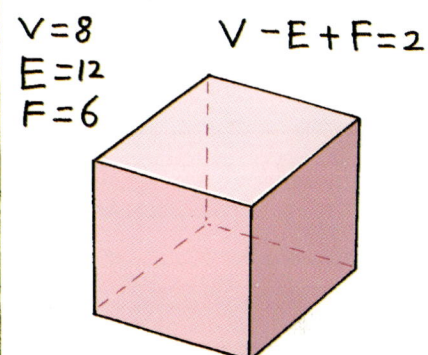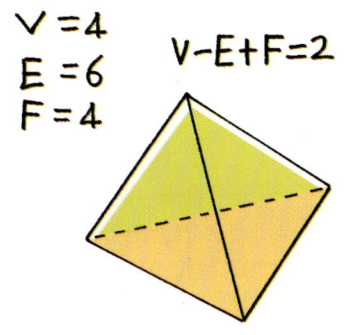

정다면체

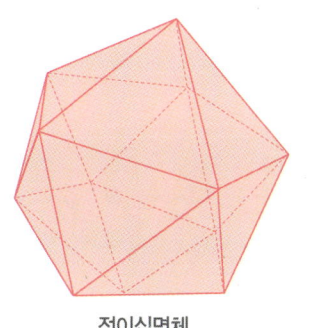

정이십면체

평면도형이 면으로 둘러싸인 입체도형을 **다면체**라고 해. 다면체를 이루고 있는 면이 모두 합동이면 **정다면체**라고 하는데, 정다면체는 정사면체, 정육면체, 정팔면체, 정십이면체, 정이십면체로 단 5개만 존재해.

다면체의 한 꼭짓점에서는 3개 이상의 면이 만나야 하고 한 꼭짓점에 모인 각의 크기의 합은 360°보다 작아야 해. 그래서 정다면체가 되려면 이루는 면의 모양이 정삼각형, 정사각형, 정오각형으로 세 가지만 가능해. 훗날 오일러는 정다면체뿐 아니라 모든 다면체의 꼭짓점, 모서리, 면의 수의 관계를 설명하는 간단한 식을 만들어내 세상 사람들을 놀라게 했어.

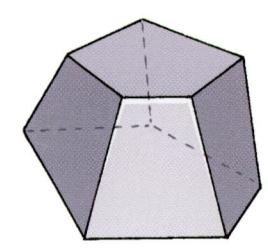

수학계의 베토벤
레온하르트 오일러

● 오일러의 연구와 관련된 학문
수학, 물리학

● 저서
무한해석개론 (1748)
미분학 원리 (1755)
적분학 원리 (1768~1770)

요한 베르누이의 수제자 오일러는 18세기에 가장 유명한 수학자로 평생 500편이 넘는 논문과 저서를 출판했어. 이렇게 많은 연구 업적으로 오일러가 살아 있는 동안은 과학 학술지에 실을 글이 떨어질 걱정은 안 했다고 해. 사람들에게 다정다감한 성격의 오일러는 책을 집필할 때도 독자들이 최대한 잘 이해할 수 있도록 친절하게 썼어. 그는 제자나 아이들을 가르치는 일을 매우 좋아했거든. 그는 표기법을 중요하게 생각해 함수 $f(x)$, 수열의 합 Σ, 자연로그의 밑 e, 허수의 단위 i 등 현재 사용하고 있는 많은 수학 기호를 고안해 냈으며, 이전부터 사용해온 원주율 π도 오일러에 이르러 확고한 표기로 자리 잡았지. 데카르트가 먼저 발견한 정다면체의 면, 꼭짓점, 모서리의 관계를 보고, 보는 것에서 그치지 않고 더욱 연구하여 그 공식이 정다면체뿐만 아니라 모든 다면체에서 성립함을 새로이 발견했어. 그래서 오일러의 정리 ($V-E+F=2$)라는 이름까지 얻게 되었지. 오일러의 이런 업적을 더욱 돋보이게 만드는 것은 마치 청각을 잃은 천재 작곡가 베토벤처럼 악조건을 딛고 일어섰다는데 있어. 오일러는 20대에 오른쪽 눈의 시력을 잃었고, 60대에 왼쪽 눈마저 시력을 잃었어. 그러나 이에 굴하지 않고 기억력만으로 연구를 계속했지. 결국 그가 처음 사용한 기호에서뿐 아니라 수학 각 분야의 중요한 정리에는 '오일러'라는 이름을 아주 쉽게 찾아볼 수 있게 되었어.

● 관련 수학자

▶ 기원전 4세기 플라톤	▶ 기원전 300년경 유클리드	▶ 17세기 데카르트	▶ 18세기 오일러
플라톤의 다면체, 즉 정다면체는 5개뿐임을 앎.	기하학 원론 제 13권에서 정다면체가 5개뿐임을 증명함.	정다면체에서 $V-E+F=2$가 성립함을 발견함.	다면체에서 $V-E+F=2$가 성립함을 발견함.

오일러를 이긴 축구공?

자블라니

오일러는 다면체의 정리 ($V-E+F=2$, $V-E+F=0$, $V-E+F=1$)로 유명해. 이 식 중 어떤 식을 만족하느냐에 따라 어떤 다면체인지 가려낼 수 있지.
처음 축구공도 다면체의 원리를 이용해 만들었어. 축구공은 정이십면체의 전개도를 변형시켜 정오각형과 정육각형으로 된 가죽면 32개를 붙여 만들었거든. 그러나 공의 모양을 더욱 구형에 가깝게 만들기 위해 컴퓨터 시뮬레이션으로 찾아낸 새로운 가죽면의 조합은 더이상 오일러의 정리를 만족시키지 않았어. 그리고 2010년 남아공월드컵의 공인구인 자블라니는 겨우 8개의 가죽 조각만을 이어 붙이기에 이르렀지.

28 Karl Friedrich Gauss

카를 프리드리히 가우스
오차를 최소화시킨 값을 예측하다

Karl Friedrich Gauss(1777년~1855년)
독일의 수학자. 19세기 최대의 수학자, 근대 수학을 확립함.

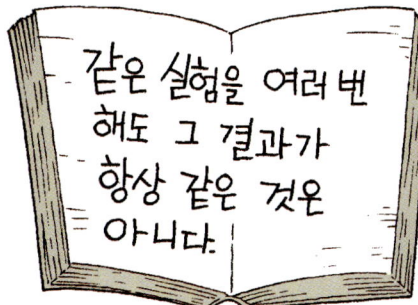
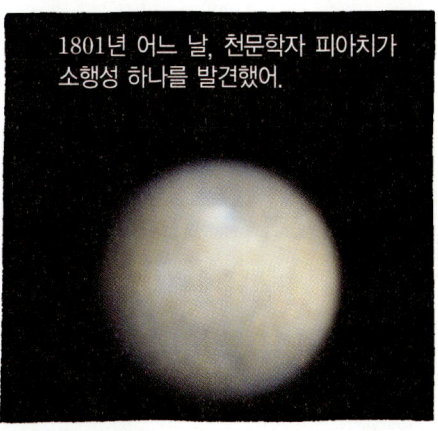

근삿값과 오차

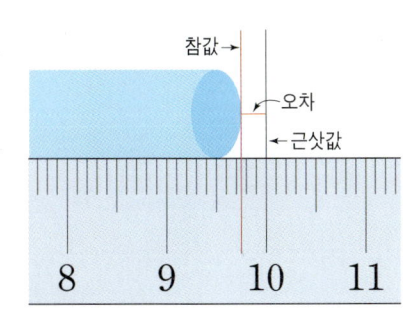

실제값(참값)에 가까운 값을 **근삿값**이라고 해. 근삿값에는 두 가지 종류가 있어. 측정값처럼 어떤 측정 기계를 사용해서 얻은 근삿값과, 참값을 알지만 간단하게 나타내기 위해 어림해서 말하는 근삿값이 있어. 측정값은 아주 미세한 차이라도 오차가 생기기 마련이야.

- 이 연필의 길이는 14 cm이다. (측정값)
- 운동회에 참여한 어린이는 약 50명이다. (어림수)

근삿값과 참값과의 차이가 바로 **오차**야. 우리는 계산할 때 근삿값을 사용하기도 해. 대표적으로 원주율을 실제값인 π 대신 근삿값 3.14로 사용해. 이때 오차는 $\pi - 3.14$야.

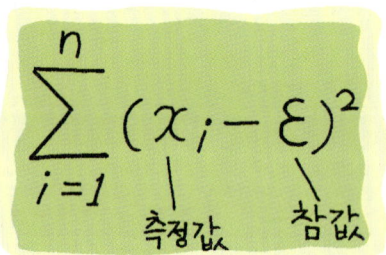

19세기 최대의 수학자
카를 프리드리히 가우스

카를 프리드리히 가우스

● **가우스의 연구와 관련된 학문**
수학

● **저서**
정수론연구 (1801)
천체운동론 (1809)

수학사에서 18세기와 19세기를 가우스를 경계로 하여 구분한다고 해도 과언이 아니야. 그는 걸음마를 할 때부터 천재다운 일화를 많이 가지고 있어. 겨우 초등학교 3학년의 나이에 1부터 100까지 더하는 문제를 단순히 더하는 방법이 아니라 50개의 101로 만들어 구해버린 유명한 일화도 바로 가우스의 이야기야. 그는 이런 식으로 내용을 꿰어 맞춰 새로운 것을 발견해 내길 좋아했어. 그리고 기존에 있던 수학의 정의가 왜 그렇게 되는지, 불가능하다고 한 정리는 왜 그런지 항상 탐구했지.

가우스는 '수학은 모든 과학의 여왕이며, 정수론은 수학의 여왕이다' 라는 말을 했어. 그는 모든 수학은 수에서부터 시작된다고 생각했거든. 1798년에는 유클리드 이래 자그마치 2000년 동안이나 풀리지 않았던 정 17각형 작도법을 풀어내 수학계 전체를 깜짝 놀라게도 하고, 1801년에는 소행성 세레스의 궤도를 계산해 다음 번 나타날 지점을 정확히 예측하기도 했어. 그런데 이때 사용한 최소제곱법을 누가 먼저 발견했는지에 대한 논쟁이 있었어. 오차가 가장 작은 값을 찾아내는 방법을 최소제곱법이라고 하는데 최초의 발표는 1806년에 르장드르가 했지만 가우스는 1795년에 그것을 발견했다고 주장했거든. 가우스는 논쟁을 싫어했기 때문에 심각한 일까지는 벌어지지 않았지만, 시간이 지나고 여러 편지들과 논문들을 통해 가우스가 먼저 발견했다는 것이 밝혀졌어.

● **관련 수학자**

▶ **1795년 가우스**
오차의 정규분포를 생각하는 최소제곱법을 처음 사용함.

▶ **1801년 가우스**
최소제곱법으로 소행성 세레스의 궤도를 정확히 계산함.

▶ **1806년 르장드르**
최소제곱법이라는 명칭을 처음 사용함. 최소제곱법에 대한 첫 발표를 함.

GPS에도 오차가 있다고?

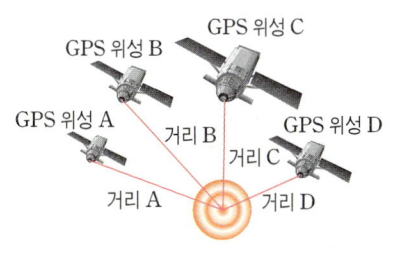

GPS측위의 원리

GPS(Global Positioning System)는 GPS 위성에서 보내는 신호를 수신해 사용자의 현재 위치를 계산하는 위성항법시스템이야. 자동차 내비게이션에서 길안내를 해주지? 또 잃어버린 휴대폰의 위치도 확인할 수 있어. 이때 사용하는 것이 바로 GPS야. 하지만 이런 GPS에도 분명 오차는 존재해. 인공위성이 가진 위성의 시간, 위치 오차, 전파 경로에 따른 오차, 수신기 시계, 잡음 오차 등 여러 오차가 생길 수 있어. 그래서 연구원들은 이런 오차를 줄이고 제거하기 위해서 항상 더 노력해. 최근 나오고 있는 GPS 수신기는 20개의 위성으로부터 신호를 받을 수 있어 보다 정확하게 위치를 계산할 수 있게 되었어.

29

August Ferdinand Mobius

아우구스트 뫼비우스
뫼비우스의 띠를 발견하다

August Ferdinand Mobius(1790년~1868년)
독일의 수학자. 뫼비우스의 띠를 발견함, 직선기하학 연구의 선구자.

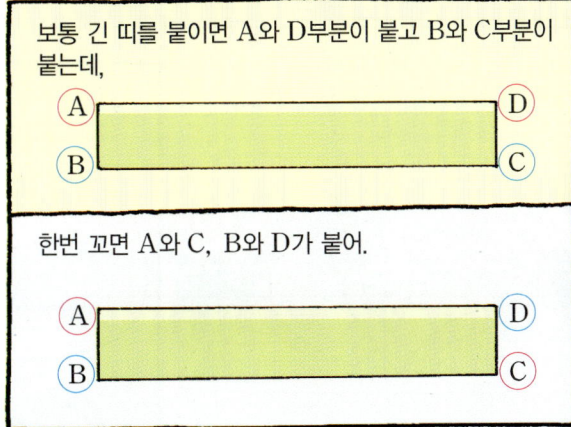

도형의 내부와 외부

원, 삼각형, 사각형 따위의 도형을 **닫힌 도형**이라고 해. 연필로 도형을 그릴 때 시작점과 끝점을 같게 그릴 수 있잖아. 반면 각처럼 시작과 끝점이 만나지 않는 도형을 **열린 도형**이라고 해. 닫힌 도형에서는 도형의 안쪽을 **내부**, 바깥쪽을 **외부**라고 할 수 있어.

도화지에 연필로 선을 아무렇게나 되돌아오지 않고 긋는 것을 단일곡선, 단일곡선의 시작과 끝점이 같을 때를 단일폐곡선이라고 해. 즉 단일폐곡선에 의해 내부와 외부가 나누어지는 거지.

따라서 원, 삼각형, 사각형 같이 닫힌 도형은 단일폐곡선으로 이루어져 있고, 각이나 다른 열린 도형은 단일곡선으로 이루어져 있다고 할 수 있어.

아우구스트 뫼비우스

- **뫼비우스의 연구와 관련된 학문**
  수학, 천문학
- **저서**
  중심해석 (1827)

안과 밖의 구분이 없는 도형도 있다
아우구스트 뫼비우스

뫼비우스는 하나의 꼬인 띠로 '모든 것에는 안과 밖의 구별이 있다' 는 고정관념을 깬 독일의 수학자이자 천문학자야. 이렇게 경계가 하나밖에 없는 특별한 이 띠를 뫼비우스의 띠라고 이름 지었지.

그러나 사실은 뫼비우스의 띠는 1858년에 요한 베네딕트 리스팅이라는 수학자도 따로 발견했어. 리스팅에게는 이 띠의 이름이 뫼비우스의 띠라는 것이 조금은 억울한 마음이 들 수도 있겠지만, 뫼비우스의 띠가 우리 생활에 많은 도움을 주고 있음은 부정할 수 없지. 뫼비우스는 대중적인 천문학 논문인 〈헬리혜성과 천문학의 원리〉를 발표한 천문학 교수였어. 하지만 오늘날 그는 뫼비우스의 띠로 더 유명하고, 그가 천문학자였다는 사실을 아는 사람이 드물 정도야.

그 유명한 뫼비우스의 띠의 발견 이야기는 그가 해변으로 휴가를 떠나면서 시작되었어. 파리 때문에 잠을 이루지 못한 그가 양면에 접착제를 바른 띠를 구해 왔어. 그리고 그 띠를 한 번 꼬아 양끝을 서로 연결한 뒤에 걸어 두고 숙면을 취했지. 다음날 아침! 그는 파리가 잔뜩 붙어 있던 그 띠가 놀랍게도 단 한 개의 면을 가지고 있는 특이한 모양이란 것을 알아챘어. 이 것이 바로 뫼비우스의 띠야. 오늘날 그의 이름이 붙은 것은 뫼비우스의 띠 외에도 뫼비우스 함수, 뫼비우스 변환 등이 있어.

- **관련 수학자**

▶ **1858년 뫼비우스, 리스팅**
뫼비우스의 띠를 독자적으로 발견함.

▶ **1882년 클라인**
뫼비우스의 띠의 성질을 띄는 입체, 클라인병을 발견함.

뫼비우스의 띠, 예술적 영감을 불러일으키다

뫼비우스의 띠는 도형의 내부와 외부의 구분이 없어. 이 점은 수학자나 과학자들뿐 아니라 예술가들에게도 흥미롭게 다가왔어. 그중 네덜란드의 화가 에셔의 작품은 재미있으면서도 우리에게 많은 생각을 하게 만들지. 〈불개미〉는 뫼비우스의 띠 위에 불개미를 그려 넣었을 뿐인데 개미는 뫼비우스의 띠의 특성에 따라 끝없이 돌아도 제자리에 오게 돼. 또 〈그리는 손〉은 두 손이 서로를 그리고 있어 어느 손이 어느 손을 그리는지 헷갈리지. 〈상대성〉이라는 작품도 어느 계단이 올라가는 계단인지, 내려가는 계단인지 알 수가 없어. 이와 같이 에셔는 안과 밖의 구분이 없는 뫼비우스의 띠와 같은 기본 주제를 가지고 여러 작품을 내놓았어. 그래서 수학자들이 가장 좋아하는 예술가라는 수식어가 그에게 따라붙곤 하지.

30 로바체프스키
비유클리드 기하학을 발표하다

Lobachevskii

Lobachevskii(1792년 ~ 1856년)
러시아의 수학자. 비유클리드 기하학 이론을 발표함.

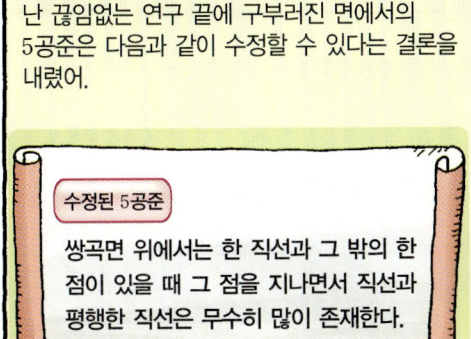

평면과 곡면

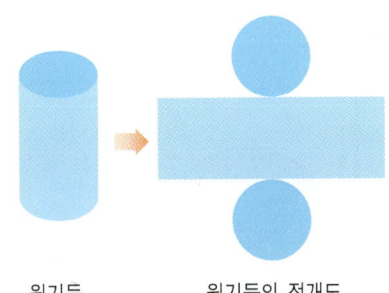

원기둥   원기둥의 전개도

직사각형을 한 직선을 축으로 하여 1회전시키면 왼쪽과 같은 원기둥이라는 입체도형이 얻어질 거야. 평면을 회전시켜 입체를 만들었고, 그래서 평면이 곡면이 되었어.

곧은 선을 **직선**, 굽은 선을 **곡선**이라고 해. 하나의 직선을 다른 직선으로 나란히 이동시키면(또는 무수히 나란하게 그린다고 생각하면) 그것을 **평면**이라고 해. 그리고 평면이 아닌 면을 **곡면**이라고 하지.

원은 곡선으로 이루어진 평면이라고 할 수 있어.

왼쪽과 같이 곡면으로 둘러싸인 원기둥은 잘라서 평면에 펼칠 수 있어.

절대 진리, 유클리드 기하학에 용기 있게 맞선
로바체프스키

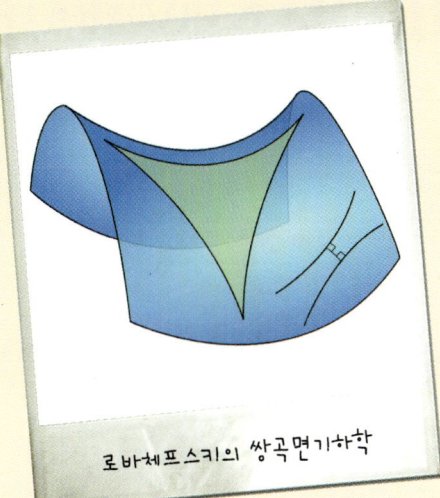

로바체프스키의 쌍곡면기하학

- **로바체프스키의 연구와 관련된 학문**
  수학

- **저서**
  기하학의 새 원리 (1829)
  평행선 학설에 관한 기하학적 연구 (1840)
  범기하학 (1856)

유클리드 기하학이 만들어졌던 시기에는 지구와 우주가 평평하다고 생각했었어. 그런 생각 위에 기하학이 발전했지. 하지만 그 후에 지구와 우주가 평평한 공간이 아니라 구부러진 공간임이 밝혀졌잖아. 그러나 수학자들은 여전히 논리와 추상적인 사고만으로 유클리드 공간 내에서만 수학을 연구했어. 이때 로바체프스키와 볼리아이는 용기있게 맞선 거야.

1823년 볼리아이가 평행선 공준의 성립함과 하지 않음에 따라 유클리드 기하학과 비유클리드 기하학으로 나누어 존재한다는 결론을 냈고, 그것을 발표하자 당시 유명했던 수학자 가우스는 놀라기는커녕 자신도 이미 알고 있었다고 했대. 하지만 가우스는 사람들의 이목이 두려워 발표를 미뤄왔던 것이었어. 로바체프스키도 지난 2000년 동안 절대 진리였던 유클리드 기하학의 모든 부분을 부정한 것이 아니야. 단지 유클리드의 공간을 넓혀 지구 표면 전체를 공간으로 할 때 맞지 않다고 했어.

로바체프스키는 1792년에 태어나 1856년에 생을 마감했어. 가난한 가정생활을 하였지만 열심히 공부했고, 빠르게 인정받아왔어. 수학의 역사에 한 획을 그은 위대한 발견을 했지만 안타깝게도 그의 업적은 살아 있을 때에는 거의 인정받지 못했어. 당시에는 유클리드 기하학에 맞선 발표는 굉장히 충격적인 일일 뿐이었거든.

- **관련 수학자**

▶ 기원전 300년경 유클리드	▶ 1823년 볼리아이	▶ 1826년 로바체프스키	▶ 1854년 리만
기하학을 체계적으로 정리한 〈기하학 원론〉을 발표함.	평행선 공준이 성립하거나 성립하지 않음에 따라 유클리드 기하학과 비유클리드 기하학으로 나누어 존재한다고 주장함.	유클리드 평행선 공준에 반박하며 비유클리드 기하학 이론을 발표함.	3차원 유클리드 공간뿐 아니라 새로운 차원으로 확장하여 정리한 리만기하학을 발표함.

비행기의 이동 경로, 측지선

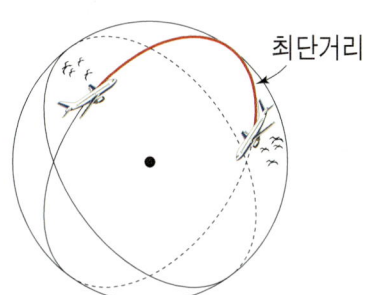

최단거리

평면 위의 두 점을 잇는 가장 짧은 선은 직선이야. 하지만 지구는 둥그니까 이 논리를 적용하지 못해. 어느 곡면 위의 한 지점에서 다른 지점까지 가는 가장 짧은 거리를 측지선이라고 해. 이 측지선을 이용해 비행기의 이동 경로를 정하지.
구를 구의 중심을 지나 단면이 가장 큰 원이 되게 자른다고 생각할 때 그 단면을 대원이라고 해. 구면에서 측지선은 이런 대원을 따라가는 선의 일부야. 대원은 원의 지름처럼 무수히 많이 그릴 수 있지.
비행기의 이동 경로는 철새들의 경로이기도 해. 철새들도 같은 곳을 이동하더라도 가장 효율적으로 가는 방법을 알고 있나 봐.

31 윌리엄 해밀턴
경로의 조건을 따지다

William Rowan Hamilton

William Rowan Hamilton (1805년 ~ 1865년)
영국의 수학자. 해밀턴 경로, 해밀턴 회로를 주장함.

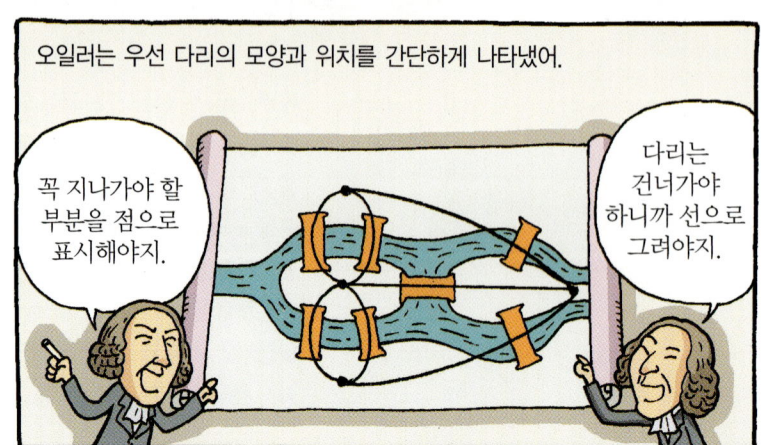

134

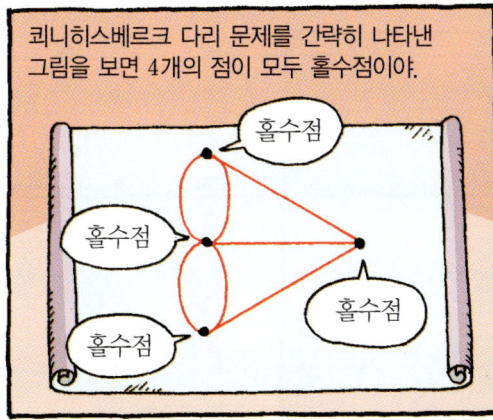

여러 가지 경로

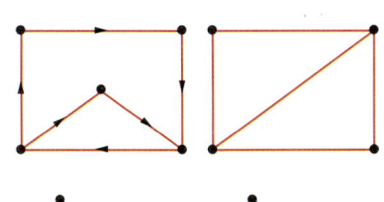
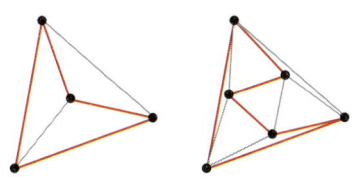

점과 선으로 이루어진 도형에서 홀수점이 없거나 2개인 도형만 한붓그리기가 가능해. 홀수 개의 선이 모여 이룬 점을 홀수점이라고 해.

홀수점이 2개인 도형을 한 번에 그리려면 반드시 홀수점에서 시작해야 하고, 다른 홀수점에서 끝나게 돼. 이를 **오일러 경로**라고 해. 반면 홀수점이 없는 도형은 어떨까? 이런 경우는 어느 점에서 출발해도 모든 선을 다 한번씩 지난 후 다시 처음의 점으로 돌아오게 돼. 이를 **오일러 회로**라고 하지. 선이 아닌 점을 중심으로 생각해 볼까? **해밀턴 회로**는 모든 점을 한 번씩만 지난 후 다시 출발점으로 되돌아 오는 길이야. 또한 출발점으로 되돌아오지 않고 다른 점에서 끝나는 경로는 **해밀턴 경로**라고 해.

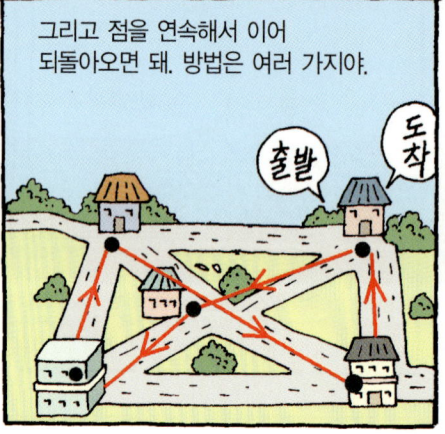

한 지점을 한 번씩만 지나는 경로를 말한
윌리엄 해밀턴

윌리엄 해밀턴

● **해밀턴의 연구와 관련된 학문**
수학, 이론물리학

해밀턴은 같은 크기의 정오각형 12개로 이루어진 정십이면체로 '세계일주'라는 퍼즐을 만들기도 했어. 각 꼭짓점에 도시의 이름을 붙이고 모서리를 따라 각 도시들을 한 번씩 지나 출발점으로 되돌아오는 방법을 찾는 퍼즐이었지. 바로 이 게임에서 해밀턴 회로가 탄생한 거야. 모든 점을 한 번씩 지나면서 처음 위치로 돌아오는 길을 말해. 그리고 되돌아오지 않더라도 모든 점을 한 번씩 지나기만 하는 것은 해밀턴 경로라고 하지.

그는 1805년 아일랜드의 더블린이라는 도시에서 태어났어. 어릴 때부터 신동으로 통했던 그는 안타깝게도 일찍 고아가 되어 삼촌에게 맡겨졌지. 삼촌은 해밀턴에게 언어교육을 많이 시켰어. 그래서 그는 13살무렵 이미 10가지의 외국어를 구사할 수 있게 되었어. 덕분에 위대한 시인 워즈워스와도 아주 친했대.

그가 15세가 되어서부터는 수학 공부에 열중했는데 뉴턴의 〈보편산수〉를 읽으며 해석기하학, 미적분학을 공부했고, 라플라스의 〈천체역학〉을 읽으면서는 수학적인 오류를 지적하기도 했지.

그 후 해밀턴은 해밀턴-야코비 미분방정식, 해밀턴-캐일리 정리 등 자신의 이름을 붙인 많은 수학적 업적을 남겼어. 천문학 교수로도 지냈었던 그였기에 물리학의 발전에도 큰 영향을 끼쳤어.

● **관련 수학자**

▶ 1736년 오일러	▶ 19세기 해밀턴	▶ 19세기 크로우
쾨니히스베르크의 다리 문제를 풀며 오일러 경로, 오일러 회로를 제시함.	해밀턴 경로, 해밀턴 회로를 제시함.	하노이의 탑 문제 풀이가 해밀턴 경로를 구하는 것과 동일함을 증명함.

나의 별자리가 달라졌다고?

뱀주인자리

별자리란 하늘의 별들을 점으로 삼아 선으로 이어서 만든 형태에 동물, 물건, 신화 속의 인물 등의 이름을 붙여 놓은 거야. 황도 12궁(궁수, 염소, 물병, 물고기, 양, 황소, 쌍둥이, 게, 사자, 처녀, 천칭, 전갈)이라고 해서 지난 지난 3천년 동안 별자리의 변화는 없었어. 그런데 최근 12개의 별자리에 한 개가 추가되었어.

고대 바빌로니아에서 12개의 별자리가 결정된 이후에도 지구는 조금씩 이동했거든. 아주 아주 조금씩 말이야. 결국 지구 자전축이 변화하면서 13번째 별자리가 등장하게 되었어. 새로운 별자리의 이름은 뱀주인자리야. 이 별자리는 전갈자리와 궁수자리 사이(11월 29일~12월 17일)에 자리잡았어. 별들을 이어보면서 해밀턴 경로를 공부해도 재미있겠지?

32 페터 디리클레
집합 사이를 대응시키다

Peter Gustav Lejeune Dirichlet

Peter Gustav Lejeune Dirichlet(1805년 ~ 1859년)
독일의 수학자. 함수를 집합 사이의 대응 관계로 파악함.

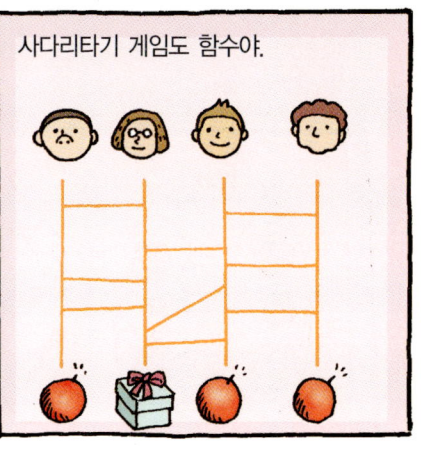

함수와 대응

공집합이 아닌 두 집합 X, Y가 있을 때, X의 각 원소에 Y의 원소가 하나씩 대응될 때, 이 대응관계 f를 X에서 Y로의 **함수**라고 해.
이때 X를 f의 정의역, Y를 f의 공역이라고 하며 기호로는 f : X→Y로 나타내. X의 모든 원소가 Y의 모든 원소와 반드시 대응되어야만 함수가 아니라 X의 모든 원소가 Y의 일부 원소와 대응되어도 함수라고 할 수 있어. 즉 정의역만 모두 대응되고 공역에서는 대응되지 않고 남아 있는 원소가 있어도 함수는 함수란 말이지. 자동판매기를 예로 들어 볼까? 자동판매기에 돈을 넣고 버튼을 누르면 해당 상품이 나와. 정의역은 모든 버튼이 되겠고, 상품은 공역이야.

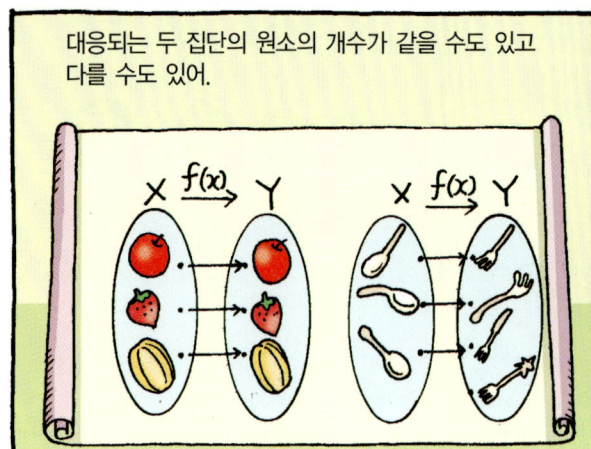

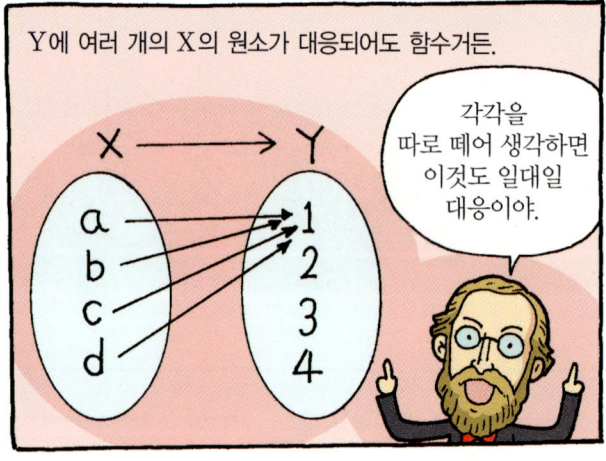

함수란 식이 아니라 대응 관계다
페터 디리클레

- **디리클레의 연구와 관련된 학문**
  수학

- **저서**
  정수론으로의 미분적분학의 여러 응용에 관한 연구 (1839)

함수에 $f(x)$라는 기호를 처음으로 사용한 것은 오일러야. 오일러는 함수를 단순한 식의 표현이라고 생각했어. 하지만 디리클레의 생각은 달랐어. 함수란 단순히 식이 아니라 어떠한 집합 사이의 대응 관계로 보았지. 그리고는 일차함수가 보여주는 직선이라는 겉모습에서 그 직선 위에 있는 무수히 많은 점들이 하나하나 대응되는 관계라는 것을 밝혀냈어.

디리클레는 독일의 수학자이며 파리에서 수학의 대가들과 친분이 많았는데 특히 푸리에와 친했고, 훔볼트의 초청으로 독일의 여러 대학에서 강의도 했어. 1855년에는 가우스의 후임으로 괴팅겐 대학의 교수가 되었지. 연구에서도 가우스가 구축해 놓은 부분을 계승하여 정수론, 급수론, 수리물리학 등에 큰 공헌을 하며, 디리클레 급수, 디리클레 함수, 디리클레 법칙 등의 공식을 남겼어. 업적도 업적이지만 그는 강의를 아주 잘하기로 소문이나 이후에 독일의 각 대학에서 그의 강의 형식을 많이 따라 했어. 또한 전문가들도 어렵다던 가우스의 〈정수론〉을 많은 사람들에게 이해시킨 것에서도 높은 평가를 받아. 그가 쓴 책 중 〈정수론으로의 미분적분학의 여러 응용에 관한 연구〉는 오늘날의 해석적 정수론의 기원이 되기도 했지.

디리클레의 뇌는 스승 가우스의 것과 마찬가지로 괴팅겐 대학의 생리학과에 보존되어 있어.

- **관련 수학자**

▶ 17세기 데카르트	▶ 17세기 라이프니츠	▶ 18세기 오일러	▶ 19세기 디리클레
함수를 좌표평면에 나타냄.	함수라는 말을 처음 사용함.	함수의 기호 $f(x)$를 처음 사용함.	함수를 집합 사이의 대응 관계로 파악함.

컴퓨터에서 사용하는 언어는 무엇일까?

수학에서의 함수는 $f(x)=x+10$과 같이 나타내. x에 어떤 값을 대입하여 그에 대응하는 값을 찾는 거지. 컴퓨터도 이런 함수의 원리로 일을 처리해.

우리가 10진법을 쓰지만 컴퓨터는 0과 1뿐인 2진법을 써. 이와 마찬가지로 컴퓨터는 수학의 언어를 그대로 알아듣지 못해. 그래서 이것을 기계어인 C언어로 바꾸어 줘야 해.

예를 들어 $f(x)=x+2$와 같은 같은 함수가 있어. 이를 C언어로 나타내면 오른쪽과 같아.

```
int add(int x)
{
return x+2;
}
```

33 닐스 헨리크 아벨
특정한 수의 모임을 만들다

Niels Henrik Abel

Niels Henrik Abel(1802년 ~ 1829년)
노르웨이의 수학자. 아벨군 정의. 5차 방정식의 대수적 해법을 제시함.

특정 수들의 집합

…, −3, −2, −1, 0, 1, 2, 3, … 과 같은 수를 정수라고 해. 정수 안에서 두 수를 골라서 더해도 그 결과는 정수야.

이를 '정수는 덧셈 연산에 대해 닫혀 있다'고 하지. 정수의 집합은 결합법칙이 성립하며 항등원과 역원도 가지고 있어. 따라서 정수 집합은 덧셈에 대하여 '군(群)'을 이룬다고 할 수 있어.

군이란 무리를 의미하는 한 글자야.

군 중에서도 교환법칙($a \times b = b \times a$)이 성립하면 아벨군 또는 가환군이라고 하고, 교환법칙이 성립하지 않으면 비아벨군 또는 비가환군이라고 해.

수로 된 군(群)이 어떻게 물질과 관련이 있습니까?

우리가 살고 있는 세상에는 대칭되는 것들이 참 많아.

대칭이 되어 있을 때 우리는 마음이 편하다고 느끼기도 하지.

아래의 군(群)을 봐. 뺄셈에 대해 닫혀있어.

−3, −2, −1, 0, 1, 2, 3

결합법칙? 항등원? 역원?

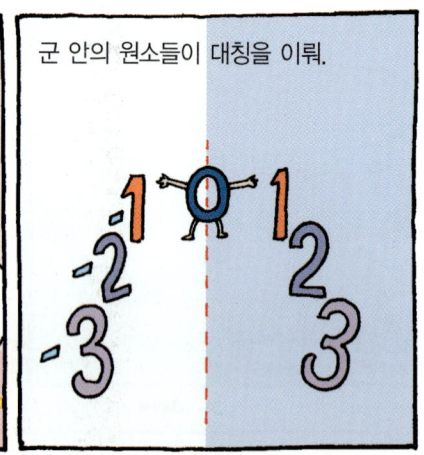
군 안의 원소들이 대칭을 이뤄.

바로 이런 특징의 발견을 시작으로 우주의 모든 '군'을 찾고 싶은 인간의 갈망이 생겼지.

대칭
군론 군론

그것을 찾아내어 음악, 미술, 디자인, 물리, 과학 등에 응용을 해 온 거야.

군 중에서 특별히 교환법칙까지 성립하는 경우를 아벨군이라고 해.

$3+7 = 7+3$
$2\times 4 = 4\times 2$

앞뒤를 바꾸어 계산한다 실시!

나의 복잡한 증명도 여기서부터 시작되었어.

5차 방정식 문제의 해법은 여기서부터 출발이야!

-출발선-

그러나 아쉽게도 내가 세상을 등진 후 이 모든 업적을 인정받았어.

이 모든 것이 정답이었다니!

적분 아벨 방정식 아벨의 정리

친구들은 부디 이런 작은 실수로 큰 것을 잃는 일이 없길 바래.

있을 때 잘하시지…

아벨 묘
수학자들

Abelian이 아닌 abelian
닐스 헨리크 아벨

● 아벨의 연구와 관련된 학문
수학

보통 수학자들의 업적을 기리기 위해 이름 지은 정리나 증명의 이름에는 Newtonian, Lagrangian 등과 같이 첫 글자를 대문자로 하여 형용사(누구의)화 시켜 붙이는데 아벨은 특이하게도 abelian으로 소문자로 시작해. 그 이유는 그만큼 이 단어가 많이 쓰이기 때문으로 이런 명명은 수학에서 가장 큰 영예로 생각하지. 아벨은 노르웨이의 수학자야. 군 중에서도 특히 교환법칙이 성립하는 군을 아벨군(abelian group)으로 명명했고, 교환법칙이 성립하지 않는 군은 비아벨군이라고 해. 그는 가난한 목사의 아들로 태어나 18세 때 아버지를 잃고 가난과 싸우면서도 수학에의 뜻은 꺾지 않았지. 19세 때에는 약 3세기 동안 수학상의 어려운 문제로 남아 있던 5차방정식의 대수적 일반 해법을 연구하여, 그것이 왜 풀 수 없는지를 증명하였어. 이 내용을 자신의 돈으로 인쇄하여 당시 수학계의 제 1인자였던 가우스에게 보냈으나 무시당했어. 가우스의 관심을 끌기에 그는 너무 가난하고 어렸거든. 이후에도 많은 고생을 하며 대수함수에 관한 '아벨의 정리'를 증명한 유명한 논문을 써서 베를린의 크렐레에게 보였고 곧 인정받았지만, 안타깝게도 그가 26세의 젊은 나이에 결핵과 영양실조로 세상을 등진 후였어. 아벨은 떠났지만 '아벨의 적분', '아벨의 정리', '아벨방정식' 등 오늘날 사용되고 있는 많은 수학 용어를 통해 그를 만날 수 있고, 노르웨이 학술원에서는 2002년부터 아벨상을 제정해 매년 여러 분야의 특별한 연구에 대해 수여하고 있지.

● 관련 수학자

▶ 18세기 말 라그랑주
군론의 개념을 도입함.

▶ 19세기 초 갈루아
군의 개념을 도입함.

▶ 1820년경 아벨
아벨군을 명명함.

아벨이 잠들어 있는 곳, 프롤란 마을

프롤란 마을 전경

세계적인 천재 수학자 아벨은 젊은 나이에 병에 걸려 안타까운 죽음을 맞이했어. 그는 아픈 몸으로 썰매에 의지해 몸을 이끌고 연인을 만나기 위해 프롤란 마을에 돌아왔어. 당시 아벨의 연인 크리스틴은 이 마을에서 가정교사로 있었거든. 여기서 연인과 마지막을 함께 보내고 이곳의 공동묘지에 고요히 잠들어 있지. 프롤란 마을은 노르웨이 남부에 있는 작은 마을로 최초의 교회가 설립된 곳으로도 유명해. 오래 전부터 철 생산의 중심지로써 당시 건물들을 유적으로 지정해 보존하고 있지. 프롤란 마을 주변에는 책 마을과 아름다운 해변이 펼쳐져 있어 여유롭게 둘러보기 좋은 곳이야.

34

Georg Friedrich Bernhard Riemann

게오르크 리만
어떠한 형태의 넓이라도 계산할 수 있는 적분

Georg Friedrich Bernhard Riemann(1826년~1866년)
독일의 수학자. 리만적분을 정의함.

안녕? 난 리만이라고 해.

꿀럭~

보다시피 난 어려서부터 병에 잘 걸리는 허약체질이라 고생이 많았어.

미안하구나 아들아.

집이 가난해서 제때 영양을 섭취하지 못 했거든.

난 당시 최고의 수학자였던 가우스 선생님의 강의를 듣고 수학의 길로 들어섰지.

X 이꼬르~ Y에 밑줄 쫙~!

와아~

내가 주로 연구했던 분야는 '적분'이야.

積 分
쌓을 적   나눌 분

나눈 부분을 모아서 쌓는다는 뜻이야.

적분을 쉽게 얘기하면 면적(넓이)을 구하는 방법으로 고대 그리스 때부터 다뤄진 아주 오래된 학문이야.

특히 농경국가에서는 넓이를 재는 일을 매우 중요하게 여겼지.

밭의 넓이에 따라 세금을 내는 양이 달라지거든.

특히 이집트는 범람하는 나일 강으로 인해 매년 경작지의 경계가 없어졌기 때문에 논밭의 넓이를 구하는 기술이 발달했어.

모세네 논은 가로가 10 세로가 30이고, 노세네 밭은 가로가 30 세로가 15로구나.

그럼 넓이는 어떻게 구하는 걸까?

바로 한 변의 길이가 1인 단위 정사각형을 이용하는 방법이 있어.

단위 정사각형의 넓이는 1이고 넓이의 기준이 되지.

무한대의 합

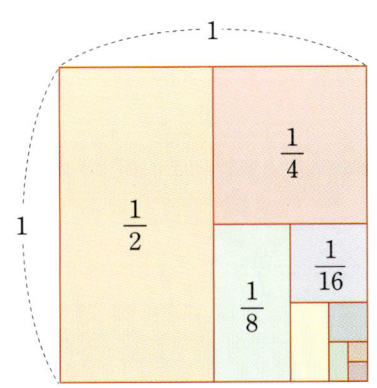

　무한대로 더하면 무한히 큰 값이 나올 것 같지만 실제로는 더 이상 커지지 않고 어떤 하나의 수가 되는 경우가 있어. $\frac{1}{2}$과 그의 절반인 $\frac{1}{4}$을 더하고, 거기에 또 $\frac{1}{4}$의 절반인 $\frac{1}{8}$을 더하고, 이런 식으로 무한히 더하면 어떻게 될까?

$$\frac{1}{2} + \frac{1}{4} + \frac{1}{8} + \frac{1}{16} + \frac{1}{32} + \cdots = 1$$

바로 1이 돼. 이처럼 무한한 항을 더하는 것을 **무한급수**라고 해. 원의 넓이를 구할 때 반지름을 2번 곱하고 원주율을 곱하지? 이 식도 무한급수의 성질을 이용한 거야.

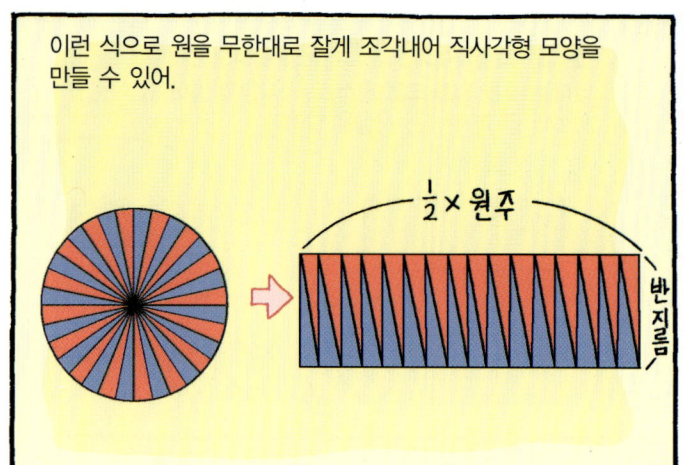
이런 식으로 원을 무한대로 잘게 조각내어 직사각형 모양을 만들 수 있어.

이렇게 나온 직사각형을 사각형의 넓이 구하는 공식에 적용하면 원의 넓이를 구할 수 있어.

그럼 이렇게 한쪽이 포물선으로 이루어진 도형의 넓이는 어떻게 구해야 할까?

흥! 난 원보다 쉽지 않다고!

이것도 물론 적분을 이용하면 쉽게 구할 수 있어.

뜨헉!!

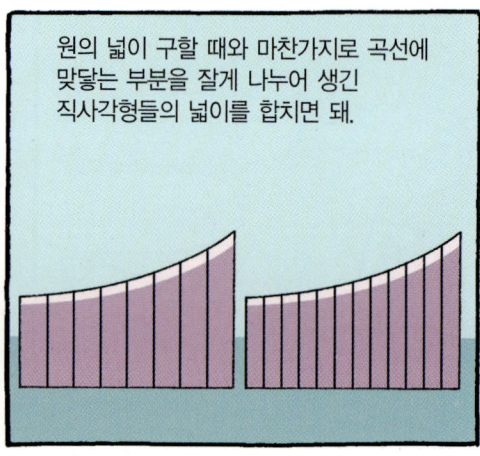
원의 넓이 구할 때와 마찬가지로 곡선에 맞닿는 부분을 잘게 나누어 생긴 직사각형들의 넓이를 합치면 돼.

이렇게 적분을 활용하면 원뿐만 아니라 어떤 형태의 도형이라도 넓이를 구할 수 있고,

여러분의 넓이를 알려 드리겠습니다.

적분 센터

길이, 부피 등 도형의 형태를 측정하는 모든 분야에 응용할 수 있어.

특히 제품 디자인이나 지도 제작, 토목 등의 분야에서는 반드시 필요한 방법이야.

적분

아인슈타인은 내가 만든 '리만적분'을 사용해서 그 유명한 '상대성 이론'의 기초를 완성하기도 했지.

너무 어려움

리만적분을 공부하면서 수학에 대한 존경심을 갖게 되었어요.

리만 적분

잘게 자른 조각들이 모여 하나의 형태를 이루듯이 여러분도 한둘씩 모은 지식을 바탕으로 훗날 큰 일을 하는 어른으로 자라길 바랄게.

티끌 모아 태산이 되는 법!

리만적분을 발표한 게오르크 리만

게오르크 리만

● 리만의 연구와 관련된 학문
수학

● 저서
기하학의 기초에 대해서 (1868)

리만은 독일의 하노버에서 태어났어. 집이 가난해서 어릴 때 제대로 먹지 못해 병에 잘 걸리는 허약체질이었지. 내성적인 성격이라 밖에 나가서 노는 것보다는 집에서 공부하는 것을 더 좋아했어.

목사였던 아버지의 영향으로 신학을 공부했지만 리만은 수학에 더 관심을 보였어. 담당교사로부터도 보기 드문 수학적 재능을 가지고 있음을 인정받고 수학 공부에 매진해보라는 권유를 받았지. 결국 아버지의 허락을 받은 리만은 괴팅겐 대학에서 공부를 하던 중 당대 최고의 수학자인 가우스와 만나게 되었어. 가우스는 그의 수학적 재능을 간파하고 제자로 받아들였어. 그래서 가우스의 가르침 아래 자신의 이론을 다듬었고 1854년 기하학에 관한 리만의 첫 강의는 기하학 역사상 가장 중요한 성과라는 평가를 받았지.

리만은 특히 뉴턴과 라이프니츠가 앞서 발견한 적분을 더욱 체계적으로 정리하는데 큰 역할을 했고, 자신의 이름을 붙여 '리만적분' 이라고 이름지었어.

리만의 이름이 붙은 수학 이론은 매우 많아. 코시-리만 방정식, 리만 제타 함수, 리만 다양체, 리만 기하학, 리만 가설 등. 이것만 보아도 리만의 연구 범위가 얼마나 넓었는지 알 수 있겠지?

그중에서도 리만 가설은 현상금이 걸려 있는 문제로 유명해. 그런데 리만은 가설의 증거를 모두 불태워 버려 전 세계 수학자들이 이 문제를 풀기 위해 도전했지만 아직까지 풀리지 않고 있어.

● 관련 수학자

▶ 기원전 3세기 아르키메데스 ▶ 1686년 라이프니츠 ▶ 1687년 뉴턴 ▶ 1825년 코시 ▶ 1854년 리만

포물선으로 둘러싸인 도형의 넓이를 구함. | 적분기호로 '∫'를 사용함. | 미적분법을 발표함. | 코시의 적분정리를 발표함. | 리만적분을 정의함.

부피가 더 큰 쪽은?

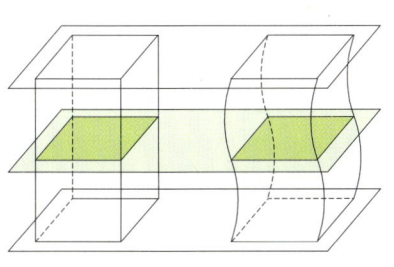

카발리에리는 이탈리아의 수학자야. 카발리에리의 연구 중 적분에 관한 내용을 소개해 줄게. 왼쪽과 같이 밑면의 넓이와 높이가 같은 A, B 두 도형이 있어.
이 중 부피가 더 큰 쪽은 어느 쪽일까?
대부분이 B를 선택하겠지만 실은 두 도형의 부피는 같아. 이는 수학계의 대표적인 착시 문제 중에 하나야.
두 도형의 어느 위치에서 밑면에 평행하게 잘라도 단면의 넓이는 같아.
카발리에리는 이를 실험을 통하여 발견했어.
적분의 가장 기초가 되는 개념이지.

35 아서 케일리
행렬의 특수한 정리를 찾다

Arthur Cayley

Arthur Cayley(1821년~1895년)
영국의 수학자. 케일리-해밀턴의 정리. 행렬을 처음 연구함.

정은이네 전화번호가 갑자기 생각이 안 나.

띠..띠..띠띠..

아! 생각났다!

전화번호를 누르던 기억을 떠올리면 생각나지 않던 번호가 생각날 때가 있어.

번호가 뭔지 모르겠지만 번호의 위치는 기억이 났어.

안녕? 난 수의 위치에 의미를 뒀던 수학자 케일리라고 해.

이름 예쁘지?

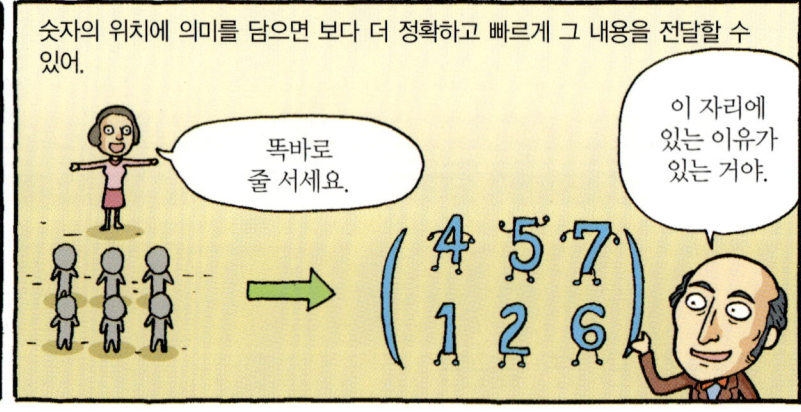
숫자의 위치에 의미를 담으면 보다 더 정확하고 빠르게 그 내용을 전달할 수 있어.

똑바로 줄 서세요.

이 자리에 있는 이유가 있는 거야.

이게 바로 행렬이야.

부유한 집안에서 태어난 나는 어려서부터 복잡한 수학 문제를 푸는 것을 좋아했어.

역시 수학은 복잡해야 제 맛이야.

그러나 대학 졸업 후 14년 동안이나 변호사로 일을 했지.

에이…! 변호사 시험이나 봐야겠다.

수학 연구원 일자리 없음

150

행렬의 종류

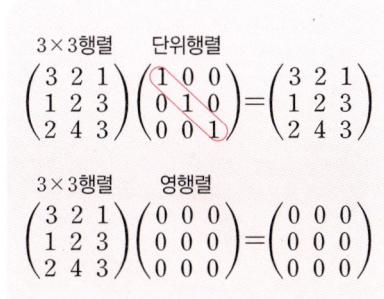

행렬끼리의 곱셈은 '×' 기호를 생략한다

행렬이란 몇 개의 수나 문자를 직사각형 모양으로 배열하여 괄호로 묶어서 나타낸 거야. 3×2행렬이라고 하면 3행 2열을 가지고 있는 행렬이야. 행렬의 괄호 안에 있는 각각의 성분에도 위치가 있어. 만일 (3, 2)성분이라고 하면 3행 2열의 성분을 뜻해.

행과 열의 수가 같은 행렬을 **정사각행렬**이라고 해. 정사각행렬 중에서도 왼쪽 위부터 그은 대각선 위치의 수가 1이고, 나머지는 모두 0인 행렬을 **단위행렬**이라고 해. 어떤 행렬과 단위행렬을 곱하면 그 자신이 나와. 또한 모든 성분이 0인 행렬을 **영행렬**이라고 하고, 어떤 행렬에 영행렬을 더하거나 빼면 자기자신, 곱하면 영행렬이 되어 버려.

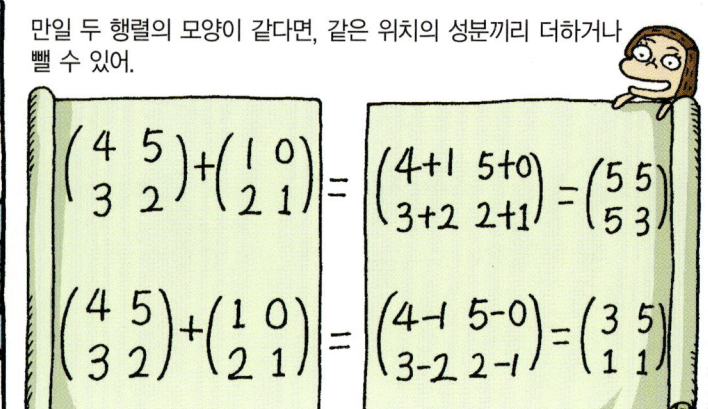

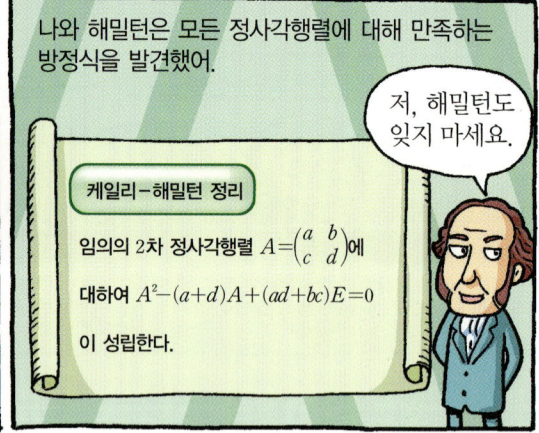

양자역학의 기초, 행렬을 이론화시킨
아서 케일리

아서 케일리

● **케일리의 연구와 관련된 학문**
수학, 이론역학, 수리천문학

● **저서**
선형변환에 관한 이론 (1845)

케일리는 혼자서 수학을 연구하는 것을 좋아했어. 그는 영국에서 태어났지만 여덟 살까지는 러시아에서 보내고, 다시 영국으로 돌아와 런던 근교에 정착하여 살았어. 1838년 케임브리지 대학 트리니티 칼리지에 입학했으며 학부시절 케임브리지 수학저널에 세 편의 논문이 실릴 정도로 수학적 능력이 뛰어났다고 해.

그래서 교수님의 남다른 배려로 혼자만 연구할 수 있는 교실을 가지게 되기도 했지. 그러나 졸업 무렵에는 수학과 관련된 일이 아닌 법률가로 일을 하게 되었어. 장장 14년 동안이나!

하지만 그는 직업이었던 법률은 돈벌이라고밖에 생각하지 않았고 수학에 대한 꿈을 버리지 않았어. 일하는 시간 외에는 항상 수학을 연구했으며 결국 다른 수학자들과도 견줄 만한 연구 결과를 낳게 되었지.

당시에는 주로 평면에서의 도형에 대해 연구했는데 케일리는 그것을 입체로 끌어내 한 차원 높은 연구를 진행했어. 결국 그는 비유클리드 기하학에도 큰 기여를 하였고, 행렬대수를 개발하기도 했어.

케일리는 행렬을 연구한 첫 수학자야. 1845년 출판된 그의 책 〈선형변환에 관한 이론〉에서 처음으로 행렬을 언급했는데, 이 행렬의 개념은 양자역학에서 없어서는 안 될 중요한 개념이야. 이런 이유로 그는 19세기 순수수학을 이끈 사람이라는 좋은 평가를 받고 있어.

● **관련 수학자**

▶ 1815년 코시	▶ 1845년 케일리	▶ 19세기 실베스터	▶ 1858년 케일리
행렬식이라는 말을 명확하게 정의함.	행렬의 이론을 시작함.	행렬이라는 이름을 붙임.	행렬의 변환 이론을 소개함.

행렬이란 이름을 지은 수학자는?

제임스 실베스터

케일리 이후에 행렬에 대한 연구에 대해 큰 업적을 남긴 수학자라고 하면, 실베스터야. 행렬이라는 이름을 지은 것도 실베스터거든.

그는 천재적인 정열가이자 멋쟁이로 자존심이 너무 강해서 다른 사람들에게 오해를 많이 받았다고 해. 케일리는 실베스터와는 정반대로 침착하고 차분한 성격인데도 두 사람은 사이 좋은 친구였대.

이 두 수학자의 성격이 얼마나 달랐냐면, 당시 최고의 교과서인 유클리드의 〈원론〉을 가지고 실베스터는 반대적 입장, 케일리는 찬양하는 입장이었대.

그럼에도 불구하고 이 둘은 어떤 공통점 때문에 친한 사이를 유지할 수 있었을까?

36 리하르트 데데킨트
실수를 정의하다

Richard Dedekind

Richard Dedekind(1831년 ~ 1916년)
독일의 수학자. 실수의 개념을 형성함.

안녕? 난 독일의 수학자 데데킨트라고 해.

지금부터 나와 함께 수의 세계로 빠~져 봅시다.

아주 오래 전 인류가 유목 생활을 시작했을 때
잡아라~!
으악!

사냥을 한 동물의 양을 개수로 세어 보려고 했을 거야.
오늘은 조금 잡았어.
조금이 얼마만큼이지?

그러다 1, 2, 3과 같은 자연수의 개념이 등장했고,
나 3마리만.
나 2마리 밖에 없어.

전체를 몇 부분으로 똑같이 나누려고 하면서
똑같이 나누란 말이야.
응?

$\frac{1}{2}$, $\frac{1}{3}$과 같은 분수의 개념이 생겼어.
내가 거의 다 잡았잖아!
$\frac{1}{3}$씩 나누는 중이야. 기다려.

그러다 인도에서 발견한 0의 개념으로 큰 수를 나타내기 쉽게 되었지.
0을 이용하여 자리를 표현할 수 있게 되었지.

0보다 작은 수를 나타낼 때는 '−'를 붙여 음수로 사용했어.
오늘의 날씨는 영하 8℃이니 따뜻하게 입으세요.
휘이이잉

지금은 편리하게 사용하는 소수는
1.5L짜리 우유 있어요?
1.8L짜리 밖에 없네요..

154

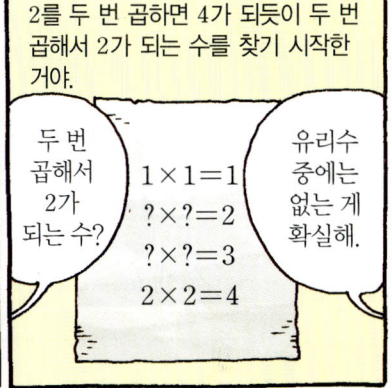

$\sqrt{2}$ 를 수직선에 나타내면?

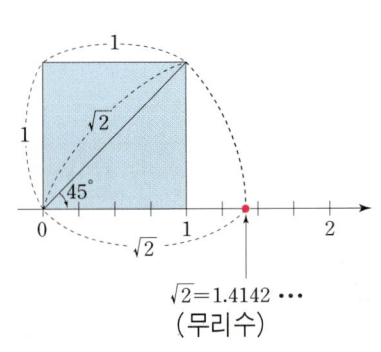

수직선에 자연수를 나타내면 어떤 수가 얼마나 더 큰지 알아보기 편리해. 수직선에는 자연수 뿐 아니라 $\frac{1}{3}$, 1.7과 같은 유리수도 나타낼 수 있어. $\frac{1}{3}$ 은 0과 1 사이에, 1.7은 1과 2 사이에 표시할 수 있지. 그런데 $\sqrt{2}$와 같은 무리수도 수직선에 표시할 수 있을까?

왼쪽과 같이 수직선 위에 한 변이 1인 정사각형을 그렸어. 이 정사각형의 대각선의 길이는 $\sqrt{2}$야. 0을 중심으로 정사각형을 45°만 회전시킨다고 생각해 봐. 그러면 대각선의 끝점이 수직선에 닿을 거야. $\sqrt{2}$의 값을 정확히 구하지는 못하지만, 수직선의 어느 한 점과 맞닿게 돼. 따라서 $\sqrt{2}$는 1과 2 사이의 어느 값이라는 것을 알 수 있어.

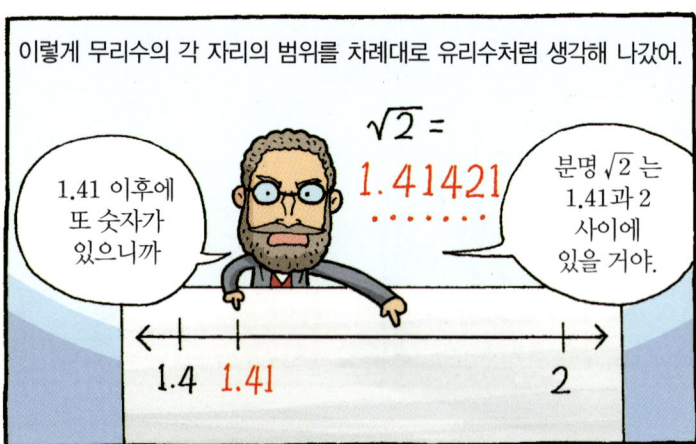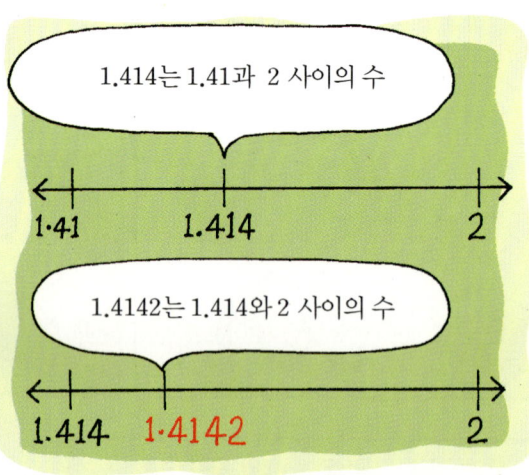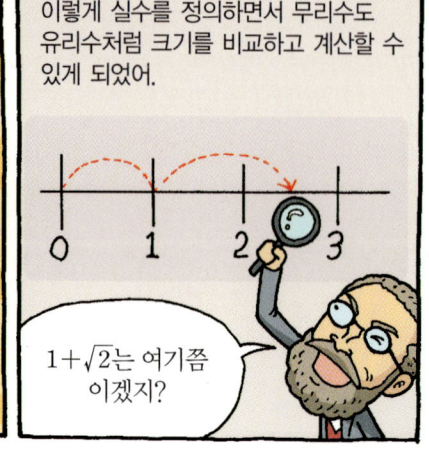

수를 절단하여 실수의 개념을 정의한
리하르트 데데킨트

데데킨트는 1831년 아름다운 나라 독일에서 태어났어. 괴팅겐 대학에서 수학 교육을 받고 가우스를 스승으로 섬겼지. 그는 당시 갈루아의 방정식을 보고, 디리클레의 강의를 들으면서 무리수를 '산술적'으로 정의해야 할 필요를 느꼈어. 당시 무리수는 에우독소스에 의해 근삿값으로만 정의되어 있었거든. 가령 $\sqrt{2}$는 1.41421… 과 같이 끝나지 않는 수라고 말이야. 이후 1854년에는 괴팅겐 대학의 강사가 되고 취리히 공과대학 교수를 거쳐 1862년 브라운슈바이크 공과대학 교수로 취임했어. 데데킨트의 연구는 강의와 함께 계속되었지. 그는 실수가 직선 위의 점과 일대일로 대응한다면 유리수와 무리수는 실수의 연속이 될 수 있다는 개념을 떠올렸고, 이것을 계속해서 절단을 해나가는 방법으로 설명했어.

'절단'이란 둘로 나누는 거야. 실수를 절단하여 유리수와 무리수로 나누고, 유리수 사이를 계속 절단하여 무리수를 나타낼 수 있는 방법이지.

데데킨트의 이런 절단 개념은 실수의 정의는 물론, 무리수와 유리수의 크기 비교와 계산도 정의할 수 있었고, 극한과 연속 등을 다루는 수학의 한 분야인 해석학의 기반을 구축해 놓았어.

또한 그는 '이데알(Ideal)'이라는 개념을 도입하여 대수적 수에 관한 이론의 발전에 공헌하기도 했어.

- **데데킨트의 연구와 관련된 학문**
  수학
- **저서**
  연속성과 무리수 (1872)
  대수적 수의 이론 (1879, 94)

- **관련 수학자**

▶ 기원전 5세기 히파수스	▶ 17세기 뉴턴	▶ 1872년 데데킨트	▶ 1874년 칸토어
무리수를 발견함.	연속이론에서 일반 무리수의 뜻을 연구함.	실수와 무리수를 '절단' 개념으로 정의함.	집합 사이의 대응으로 무리수를 정의함.

A4용지의 규격의 비밀

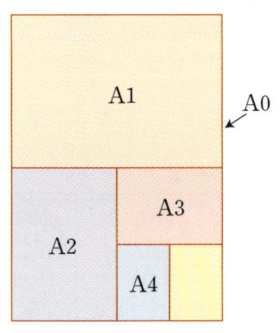

우리가 보통 복사용지로 많이 사용하는 종이가 A4용지야. A4용지의 가로, 세로 길이는 210×297mm야. 단순하게 200×300mm로 하면 더 편할 것을 왜 이런 길이로 사용하게 되었을까?

A4용지는 훨씬 더 큰 종이를 반으로 자르고 또 반으로 자르는 것을 반복해서 나온 크기야. 가장 큰 종이, 그러니까 자르기 전의 크기를 A0라고 하는데 독일공업규격위원회에서 종이의 낭비를 최소한으로 할 수 있는 크기를 제안했었던 거지. A0의 가로, 세로는 $1:\sqrt{2}$이고 넓이가 $1m^2$야. 이 비율을 유지하면서 종이를 반으로 네 번 자르면 A4용지가 돼. 이 규격은 세계 표준이야. 그래서 A4용지를 세계 어느 복사기나 프린터에 넣어도 원하는 인쇄물을 얻을 수 있는 거지.

37 존 벤
벤 다이어그램을 고안하다

John Venn

John Venn(1834년 ~ 1923년)
영국의 수학자. 벤 다이어그램을 고안함.

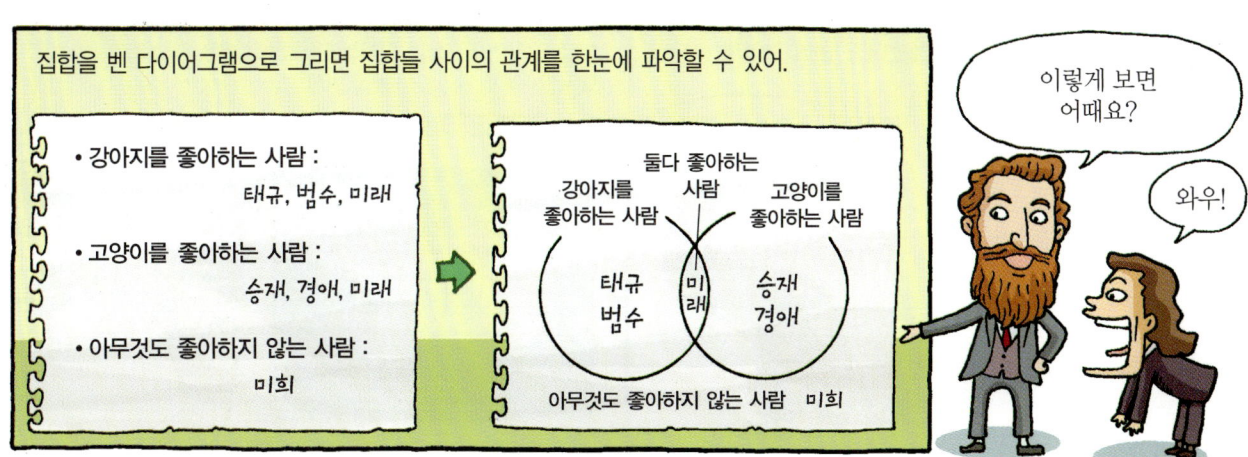

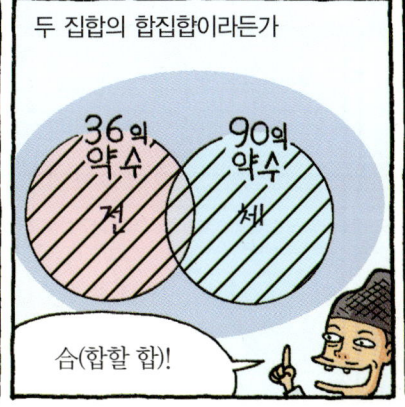

집합의 표현

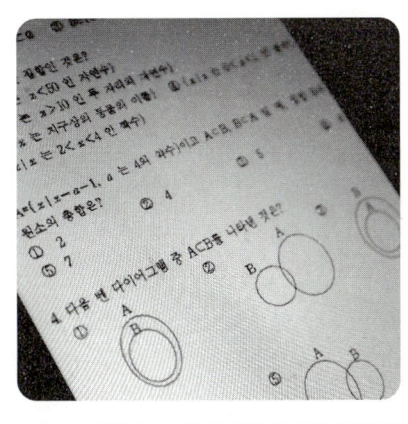

주어진 조건에 의하여 그 대상을 분명하게 알 수 있는 것들의 모임을 **집합**이라고 해. '맛있는 음식들의 모임'과 같이 주관적인 조건은 집합이라고 할 수 없지. 집합을 이루는 대상 하나하나를 **원소**라고 하는데, a가 집합 A의 원소일 때 $a \in A$처럼 기호를 사용해서 나타낼 수 있어.

집합에 속하는 모든 원소를 { } 안에 나열해서 나타내는 방법을 **원소나열법**이라고 하는데 원소의 양이 너무 많으면 일일이 다 쓰기 복잡하므로 조건을 써주는 **조건제시법**을 사용하기도 해.

자연수의 집합 P를 원소나열법으로 나타내면 $P = \{1, 2, 3, 4, 5, \cdots\}$가 되지만, 조건제시법으로 나타내면 $P = \{x \mid x$는 자연수$\}$야.

집합들의 바깥쪽으로 사각형을 그려 전체도 눈에 보이게 만들었고,

전체도 이렇게 그려줘야 눈에 확실히 보이는 법.

그로 인하여 두 집합 모두에도 속하지 않는 원소까지 표시할 수 있게 했어. 여집합이야.

餘(나머지 여)!

테두리 하나로 이런 효과가!

집합의 개수가 더 많아져도 상관이 없어.

얼마든지~.

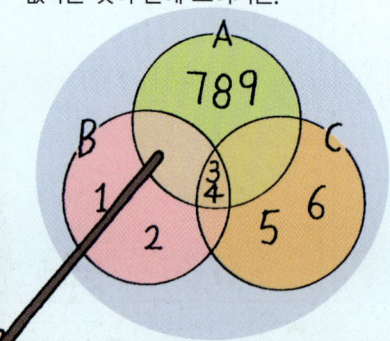
아무 원소가 없는 집합까지도 원소가 없다는 것이 눈에 보이거든.

아무것도 없사옵니다.

空(비다 공), 공집합, 즉 비어 있는 집합이니라!

이 부분에서 '집합 A와 집합 B에 공통되면서 C의 원소가 아닌 것은 없구나' 라는 것을 단번에 알 수 있지.

사실 다이어그램을 사용한 것이 내가 최초는 아니야.

수학자 오일러는 나보다 먼저 다이어그램을 사용했어.

저는 뭐 요정도?

오일러→

하지만 오일러의 다이어그램에서는 이 공집합을 표시할 수 없었어.

비어 있는 영역이라고 해도 의미는 있어.

정말 논리적이군.

겨우 벤 다이어그램 하나만으로 유명해졌다고 수군대는 사람들도 있었지만, 수학은 그 어떤 학문보다 논리성과 객관성을 요하는 학문이란 걸 기억해두길 바래.

떨어져!

논리

수학

겨우 저거 하나로 너무 유명해졌어.

집합 사이의 모든 관계를 다이어그램에 나타낸
존 벤

- **벤의 연구와 관련된 학문**
  수학, 논리학, 역사학
- **저서**
  기호논리학 (1881)
  경험논리의 원리 (1889)

벤 다이어그램으로 유명한 존 벤은 1853년 영국 홈버사이드에서 태어나 19살에 케임브리지 대학에 입학했어. 입학할 때만 해도 수학과 관련한 특별한 지식이 별로 없었다고 하지만 1857년 졸업하던 해에는 특별 연구원이 되었지. 그래서 1862년에 졸업한 학교로 돌아와 논리학과 확률론을 가르치기도 했어.

1880년 그의 논문 '명제와 논리의 도식적, 역학적 표현에 관하여'에서 집합 사이의 관계를 도식화하기 위하여 벤 다이어그램을 처음 소개했고, 〈기호논리학〉이라는 책에서 더욱 자세히 설명했어. 사실 집합을 다이어그램으로 나타낸 것은 벤이 최초는 아니었어.

벤 이전에 수학자 오일러도 다이어그램을 사용했거든. 그러나 오일러 다이어그램은 벤의 것과는 다르게 아무 원소도 없는 공집합은 표시하지 못했어. 벤은 집합 사이의 모든 관계를 다이어그램에 담아 냈어. 그래서 지금은 수학뿐 아니라 여러 분야에서 벤 다이어그램을 사용해. 연필 하나로 복잡한 집합 사이의 관계를 나타낼 수 있는 벤 다이어그램이 대중에게 보급된 것은 당연한 일일 거야.

1883년 영국왕립학회 회원으로 선출되면서부터 벤은 역사에 대해 깊은 관심을 가지게 되었고, 벤 자신이 다녔던 대학인 케임브리지 대학의 역사서를 세 권까지 편찬했어. 이후 역사서는 아홉 권까지 편찬되었고 대학은 이런 벤의 업적을 기리기 위해 그의 이름을 딴 건물을 신축하기도 했대.

- **관련 수학자**

▶ 18세기 오일러
오일러 다이어그램을 고안함.
집합 사이에 원소가 없으면 공간이 표시되지 않음.

▶ 1880년 존 벤
집합 사이의 관계를 빠짐없이
나타낼 수 있는 벤 다이어그램을 고안함.

혈액형을 벤 다이어그램으로 나타내 볼까?

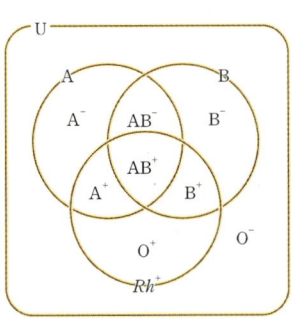

1901년 미국의 병리학자 란트슈타이너는 항원의 종류에 따라 세 가지 혈액형, A형, B형, O형으로 구분할 수 있다고 했어. AB형은 1902년 그의 제자들이 발견했어. 항원의 종류는 A, B, D로 세 가지가 있는데 이들 항원을 어떻게 가지고 있느냐에 따라서 혈액형이 결정돼.

이 중 D항원이 있고 없고에 따라 Rh^+, Rh^-로 분류할 수 있어.

만일 A^+라면 ABO식 혈액형으로 A형, Rh식 혈액형으로 양성(+)인 혈액형을 뜻해.

벤 다이어그램은 이런 항원과 혈액형의 관계를 정리하는 데에도 참 유용해.

나의 혈액형은 벤 다이어그램에서 어느 부분일까?

4 현대 수학

20세기에 들어서 수학은 물리학과 더욱 밀접하게 연관지어져. 물체가 움직이는 이유를 수학적으로 설명할 수 있고, 수학으로 얻은 식을 실생활에 활용하게 되었어.
수학이 단순히 책상 위에서만 하는 학문만은 아니라는 것이 증명된 셈이지? 복잡하고 어려운 계산은 이제 컴퓨터의 몫이 되었어.

38 게오르크 칸토어
39 앙리 푸앵카레
40 칼 피어슨
41 주세페 페아노
42 버트런트 러셀
43 에미 뇌터
44 조지 폴리아
45 헤르만 베일
46 로널드 피셔
47 앨런 튜링
48 베누아 만델브로트
49 볼프강 하켄
50 존 내쉬

38

게오르크 칸토어
무한 개를 비교하다

Georg Cantor

Georg Cantor(1845년~1918년)
독일의 수학자. 무한집합론을 창시함.

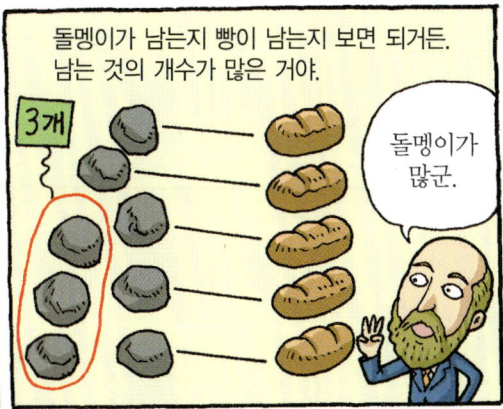

유한과 무한

유한은 한계가 있는 것, 무한은 한계가 없는 것이야. 두 개념은 서로 대립되지. 자연수는 그 개수가 무한 개야. 가장 작은 자연수는 1이라고 쉽게 대답할 수 있지만, 가장 큰 자연수는 무엇일까? 그건 알 수 없어.

칸토어에 의하면 무한 개에서 무한 개를 빼도 여전히 무한 개야. 무한 개의 자연수에서 무한 개의 홀수를 빼도 무한 개의 짝수가 남듯이 말이야. 유한과 무한은 수학적인 개념뿐 아니라 철학적으로도 많이 사고 돼. 유한한 인간은 무한한 사고를 할 수 있잖아.

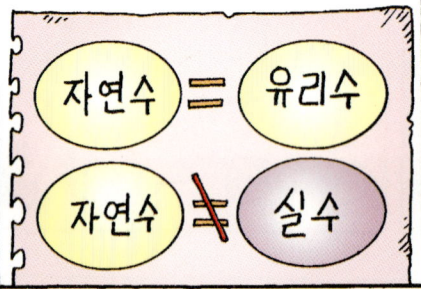

무한의 신비로움에 매료된 비운의 수학자
게오르크 칸토어

러시아 상트페테르부르크에서 태어난 칸토어는 유대계의 부유한 상인의 아들로서 1850년 아버지와 함께 독일의 프랑크푸르트로 이사한 후로는 그곳에서 성장했어.

칸토어는 수학의 기초론의 바탕이 된 집합론으로 가장 잘 알려져 있는 19세기 대표적인 수학자 중 한 명이야. 그런데 이 집합론을 연구하기 시작한 이유가 무한(無限)의 개념을 설명하기 위해서였어.

그는 집합간의 일대일 대응을 중요하게 생각했고 계속된 연구로 자연수보다 실수가 훨씬 많음을 증명해 냈어. 자연수도 무한 개이고 실수도 무한 개인데 무한 한 두 양을 비교한다는 것은 이 당시 사람들의 비난을 사기에 충분했지. 칸토어의 이런 혁신적인 수학은 엉뚱한 생각이라며 그의 스승인 크로네커를 비롯한 동시대 수학자들의 거센 반대에 부딪히게 돼.

이런 비난에 고통받던 그는 결국 심각한 우울증에 시달렸고, 신경쇠약에 빠지고 말았어. 그리곤 끝까지 회복하지 못했지.

시대보다 앞서나간 그의 이런 생각때문에 정신병에 걸린 채 죽는 비참한 말년을 보냈지만 이제는 그의 업적은 완전히 받아들여졌고, 무한을 연구한 그의 노력을 중요한 이정표로 여기고 있어.

당시 그는 논문에서 '수학의 본질은 자유에 있다'고 주장했어.

● 칸토어의 연구와 관련된 학문
수학

● 저서
집합이론에 대한 기여(1878)
초월적 집합론의 기초에 대한 기여 (1895~1897)

● 관련 수학자

▶ 1872년 데데킨트
실수와 무리수를 '절단' 개념으로 정의함.

▶ 1874년 칸토어
무한집합론에 관한 논문을 발표함.

▶ 19세기 힐베르트
'힐베르트의 호텔' 문제를 이용하여 무한의 개념을 설명함.

우주는 무한할까?

우리가 살고 있는 지구는 거대한 우주에서 바라본다면 작은 초록별일 뿐일 거야. 이런 우주의 생성과 그 크기에 대해서 인간은 아주 오래 전부터 궁금해했지.
우리는 우주의 모양이나 크기를 정확히 알아낼 수 없었어. 지금까지도 말이야. 그러나 많은 연구 끝에 애초에 우주는 빅뱅이라는 대폭발로 탄생되었다고 한 주장이 신뢰를 얻고 있어. 그리고 나서 우주는 순식간에 빠른 속도로 팽창되어 크기가 확장되어 가고 있는 거야. 이 팽창은 지금도 계속 일어나고 있지. 만일 지구에서 우주선을 쏘아 몇 억년 이상을 날려 보내도 우주의 끝을 볼 수 없으니까 우주는 무한하다고 생각해도 틀리지 않아.

39

Jules Henri Poincaré

앙리 푸앵카레
우주의 모양을 추측하다

Jules Henri Poincaré(1854년~1912년)
프랑스의 수학자. 푸앵카레의 추측을 제기함.

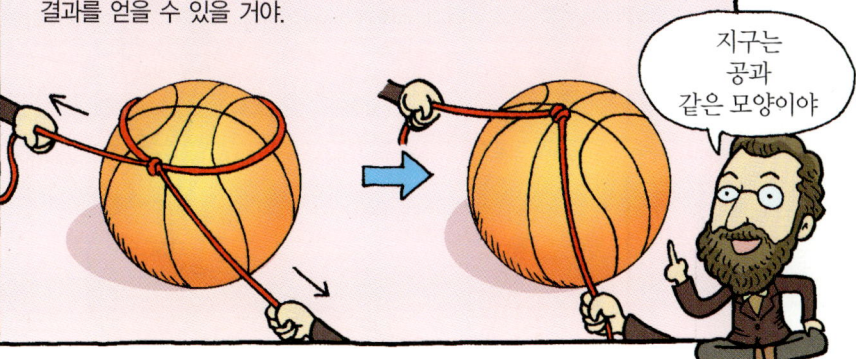

점, 선, 면은 몇 차원 도형일까?

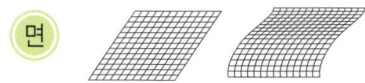

도형의 기본은 점, 선, 면이야. 점은 차원이 없어. 차원이 없다는 것은 길이, 두께, 넓이, 부피 등이 없다는 뜻이야. 즉 점은 위치는 존재하지만 크기가 존재하지 않아. 두꺼운 펜으로 점을 찍는다고 크기가 존재한다고 생각하면 안 돼.

선은 공간 상에서 점이 움직인 자취를 말해. 즉 선은 **일차원 도형**이야. 선은 길이는 존재하지만, 넓이나 폭의 개념은 없어. 대신 선은 휠 수도 있고, 무한하게 길어질 수도 있지. 선이 공간에서 움직인 자취는 면이야. 폭과 넓이가 있는 면은 선보다 한 차원 더 늘어나 **이차원 도형**이라고 해. 구불구불한 면, 평평한 면, 넓이가 유한하거나 무한한 면 등 다양한 면이 존재해.

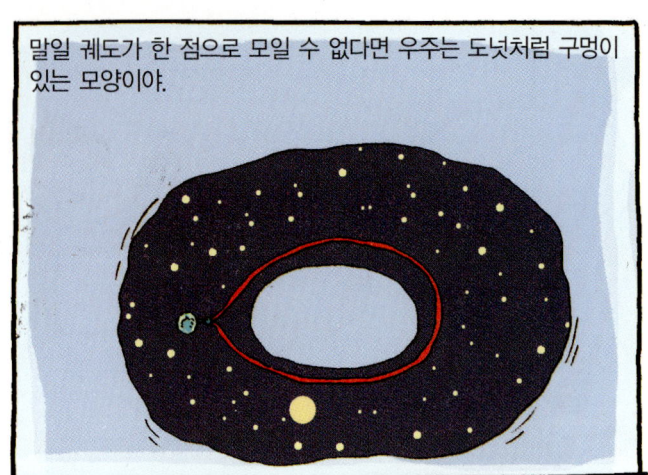

우주의 모양을 추측한
앙리 푸앵카레

앙리 푸앵카레

● **푸앵카레의 연구와 관련된 학문**
수학, 과학

● **저서**
과학의 가치(1904)

"우리는 무언가를 증명할 때 논리를 가지고 한다.
그러나 무언가를 발견할 때에는 직관을 가지고 한다."

19세기 프랑스의 수학자 푸앵카레는 1875년 파리 이공과 대학 수학과를 졸업하여 광산기사의 길을 걷고 있었어. 하지만 그는 감기 증상을 그래프로 그리는 등 매사 수학적으로 생각하기를 좋아했지.

우주의 모양에 대해서 그는 세세한 모양의 차이를 신경쓰는 것이 아니라 단순히 변형이 가능한지 안 한지를 추측해 보았어. 예를 들어서 구멍이 없는 그릇이나 농구공은 같은 모양이라고 생각했어. 이에 반해 구멍이 있는 도넛이나 손잡이가 있는 컵은 농구공과 같은 모양이 될 수 없다고 생각했지.

지구에서 우주선을 쏘아 그 궤도를 끈을 묶듯이 줄여나갔을 때, 궤도가 한 점으로 모이면 공과 같은 모양, 한 점이 되지 않고 어딘가에 걸린다면 구멍이 있는 모양이라고 추측했어. 이와 같은 푸앵카레의 추측은 지난 100년 동안 증명되지 못하다가 지난 2006년 러시아의 수학자 그레고리 페렐만에 의해서 증명되었어. 이 추측은 현실 세계에 바로 응용되지는 않지만 수학에서의 3차원을 분류하는데 사용돼. 푸앵카레에 의해 공간의 위치관계를 다루는 학문인 위상수학이 시작되었고 그는 이 외에도 수론, 함수론, 미분방정식론 등 여러 방면의 수학의 근대화에도 영향을 끼쳤어.

● **관련 수학자**

▶ 1904년 푸앵카레	▶ 1966년 스티븐 스메일	▶ 1986년 마이클 프리드먼	▶ 2006년 페렐만
우주의 모양에 대한 푸앵카레의 추측을 제기함.	푸앵카레의 추측 중 5차원 이상의 차원에 대해 증명함.	푸앵카레의 추측 중 4차원에 대해 증명함.	푸앵카레의 추측 중 3차원에 대해 증명함.

아직도 풀리지 않은 문제들

〈밀레니엄 7대 난제〉

1. P-NP 문제
2. 호지 추측
3. 푸앵카레 추측(증명됨.)
4. 리만 가설
5. 양-밀스 질량 간극 가설
6. 내비어-스톡스 방정식
7. 버츠와 스위너톤-다이어 추측

'세계 7대 수학 난제' 또는 '밀레니엄 7대 난제'라고 하여 풀리지 않은 7개의 문제가 있어. 2000년 5월 24일에 클레이 수학 연구소에서 채택한 이 7문제에는 한 문제당 100만 달러씩 상금이 걸려 있지. 1달러를 약 1000원으로 생각해봐도 100만 달러면 10억이나 되는 큰 돈이야.

만일 이 문제를 모두 해결하면 700만 달러까지 받을 수 있게 되니 어마어마하지? 하지만 이제 다 풀어도 600만 달러만 받을 수 있을 거야.

이 중 푸앵카레의 추측을 페렐만이 증명해냈거든. 페렐만은 상금을 거절했지만 그렇다고 해서 이 상금이 다른 사람에게 돌아가는 것은 아니야. 연구소는 밀레니엄 문제의 해결에 대한 노력이 수학 발전에 도움이 되기를 기대하고 있어.

171

40 칼 피어슨
집단의 비교를 통해 통계학의 새 길을 열다

Karl Pearson

Karl Pearson(1857년~1936년)
영국의 통계학자. 수리통계학을 창시함.

여러분은 현재 다양한 정보가 넘쳐나는 정보화 사회에 살고 있어.

남보다 더 빨리 정보를 얻는 것도 중요하지만, 그보다 더 중요한 건, 그 정보를 잘 정리하고 분석해서 쓸만한 정보로 만드는 일이야.

정보들을 수집하고 분석해 새로운 의미를 부여하는 학문을 통계학이라고해.

안녕? 난 현대 통계학의 기틀을 확립한 칼 피어슨이야.

우린 이미 일상 속에서 통계학의 영향을 받으며 살고 있어.

비가 올 확률, 드라마의 시청률, 주식투자 등, 여러 분야에서 통계가 활용되고 있지.

나는 런던 대학의 응용수학과 교수로 있으면서 통계 연구에 빠져들었어.

통계학은 연구하면 할수록 매력이 있다니까.

1890년엔 동물학 교수 웰던과 함께 다양한 생물들의 성질을 통계적으로 연구해 생물측정학의 수립에도 도움을 주었지.

고마워요. 교수님 덕에 연구를 끝낼 수 있었어요.

별 말씀을…

이 연구를 통해 통계학에 상관이론과 표준편차라는 새로운 개념을 도입하기도 했어.

평균에 함정이 있다!

통계에서 대푯값으로 가장 많이 쓰이는 게 평균이야. 무슨 일을 할 때 많은 사람들은 평균치를 생각하지. 그만큼 일반적이고 합리적이기 때문이야. 하지만 무조건 믿다 보면 간혹 '함정'에 빠질 수 있어.

어떤 사람이 강을 건너는데 평균수심이 110cm인 곳과 130cm인 곳 중 어느 곳이 더 안전할까?

대부분 평균수심이 낮은 쪽이라고 생각하겠지만 어느 곳이 안전하다고 말할 수 없어. 평균 수심이 더 낮아도 일부 구간에서는 훨씬 깊은 곳이 있어 더 위험할 수도 있거든.

이 자료를 그래프로 그려보면 A선수는 점수가 들쑥날쑥하지만 B선수는 점수가 평균 점수와 비슷한 것을 볼 수 있지.

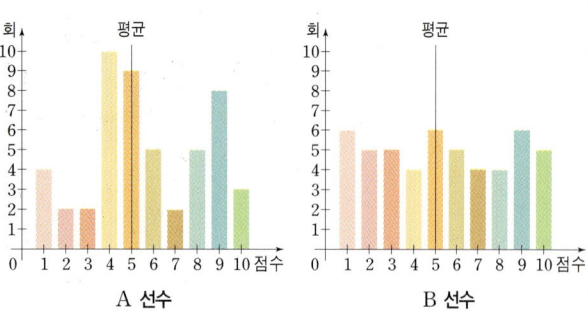

다시 말하면 'A선수의 점수는 고르지 못하지만 B선수는 비교적 고르다'라고 표현할 수 있어.

흥! 그래도 가끔 10점도 맞춘다 뭐!

넌 실력보다 운이 따르는 듯.

이렇게 자료값들이 흩어져 있는 정도를 수치로 나타낸 것을 '산포도'라고 해.

산포도?

그런 거 아니거든!

산포도는 여러 종류가 있지만 그중에서 가장 많이 쓰는 것이 분산과 표준편차야.

인기 산포도랍니다.

아…, 부럽다!

분산을 구하기 위해선 '편차'라는 것이 필요해.

편차는 각 자료값(변량)에서 평균을 뺀 수치를 말해.

편차 = 자료값(변량) - 평균

이 편차들을 제곱시킨 후 평균을 구하면 분산의 값이 나와.

표준편차는 분산값에 $\sqrt{\ }$(루트)를 씌운 값을 구하면 돼.

분산과 표준편차 모두 수치가 작을수록 자료값의 분포가 고르다는 뜻이야.

	분산	표준편차
A	9	3
B	16	4

음... A집단이 더 고르군.

산포도는 그래프로도 나타낼 수 있는데, 점이 모여 있는 쪽과 종 모양 그림이 더 뾰족한 쪽이 더 고르다고 해석하면 돼.

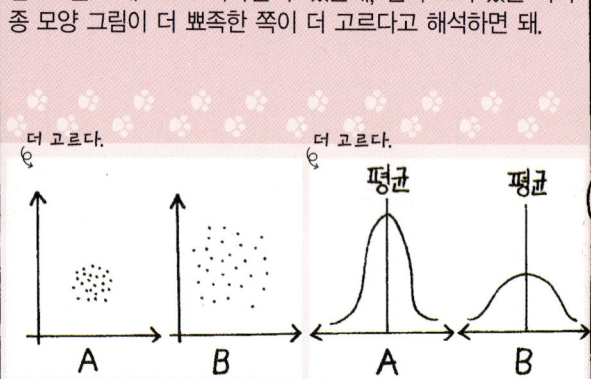

이처럼 산포도는 두 집단의 비교에 매우 유용하게 사용돼.

A집단   B집단

통계학은 단순히 자료를 수집하고 분석하는 것으로 끝나는 것이 아니라 앞일을 예측하고 방향을 제시해주는데 도움을 주고 있어.

통계학

빛이다!

다양한 자료의 비교와 분석, 정보의 축적을 통해 통계학은 인류에게 보이지 않는 세계를 보여 줄 거야.

통계학

수리통계학의 기틀을 마련한
칼 피어슨

칼 피어슨

- **피어슨의 연구와 관련된 학문**
  수학
- **저서**
  과학의 근본원리(1892)

여론이나 시청률 조사, 날씨 등 통계학은 오늘날 쓰이지 않는 곳이 없을 정도로 널리 활용되고 있어. 데이터를 수집하고 확률을 따져 미래의 일을 예측하는 현대적인 통계기법을 만든 사람이 바로 칼 피어슨이야.

1857년 런던의 한 법률가의 가정에서 태어난 그는 케임브리지 대학 수학과를 수석으로 졸업하고 독일에서 정치학 박사를, 귀국해서는 변호사 자격증을 딸 만큼 타고난 천재였어. 하지만 결국 피어슨이 선택한 길은 수학 교수였어.

피어슨이 주로 다룬 학문은 통계학이야.

1890년 동물학 교수인 웰던과 함께 생물들이 가지고 있는 여러 가지 특성들을 연구해 통계학적으로 분석하는 생물측정학을 수립해 우생학 발전에 크게 기여하기도 했지. 또 유전법칙을 증명하기 위해 연구할 때 표준편차와 평균편차를 사용하는 등 통계학에 새로운 방법을 제시했고 통계학 자료의 상대적인 관계를 설명하는 상관이론을 완성했어.

그는 생물통계학의 선구자로서 학술지를 발행하고 과학비평가로도 활동하는 등 다방면에 걸쳐 학계에 공헌했어. 특히 현대 수리통계학의 기틀을 마련한 것이 그의 가장 큰 업적이야.

- **관련 수학자**

▶ 1869년 케틀레	▶ 1884년 피어슨	▶ 1889년 골턴	▶ 1925년 피셔
근대통계학을 확립시킴.	수리통계학의 기초를 확립시킴.	유전학을 통계적으로 연구함.	추계통계학을 확립시킴.

수학 talk talk

통계의 기준을 잘못 사용하면?

통계를 구할 때는 기준을 어디에 두느냐에 따라 엄청난 결과의 차이를 가져올 수 있어. 한때 우리나라 언론에서 2002년 결혼대비 이혼율이 47%에 달한다고 발표해 논란이 일었던 적이 있어. 이 말은 2002년 결혼한 커플의 두 쌍 중 한 쌍이 이혼했다는 말이야. 하지만 이 통계는 단순히 $\frac{2002년\ 전체\ 이혼}{2002년\ 전체\ 결혼}$을 백분율로 나타낸 것이었어. 그래서 2002년 전체 이혼에는 2002년 이전에 결혼한 사람들도 포함되어 있게 되지. 이렇듯 통계에서 기준을 잘못 세우면 전혀 엉뚱한 결과를 나타낼 수 있어. 이 경우에는 $\frac{2002년\ 결혼한\ 사람\ 중\ 이혼}{2002년\ 전체\ 결혼}$으로 바꾸어 통계 내면 믿을 수 있는 정보가 되겠지?

41 주세페 페아노
자연수를 정의하다

Giuseppe Peano

Giuseppe Peano(1858년~1932년)
이탈리아의 수학자. 자연수의 공리계를 제시함.

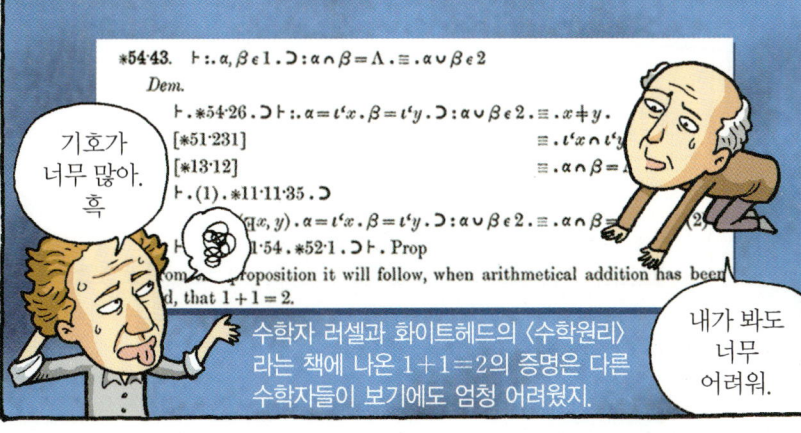

수의 발생과 자연수

자연수는 1, 2, 3, 4, …와 같이 개수를 세어야 함과 동시에 있었다고 생각되는 수야. 물론 이런 자연수의 정의는 이탈리아의 수학자 페아노에 의해 한참이나 지난 후에 완성되었지만 말이야. 자연수끼리는 마음껏 더하고 곱할 수 있어. 하지만 2에서 5를 빼면? 1에서 3을 나누려면? 그 결과는 자연수가 아니야. 필요에 따라서 분수나 소수가 생기고, 자연수와 반대되는 음의 정수가 생겼지. 이런 식으로 수는 계속 발생되었어.

자연수는 수의 종류에서 '양의 정수'로 구분해. 음의 정수(−1, −2, −3, …)와 0, 그리고 양의 정수를 합쳐 정수라고 불러.

가장 기본적인 수인 자연수를 정의한
주세페 페아노

● 페아노의 연구와 관련된 학문
수학, 논리학

● 저서
수학공식안(5권, 1895~1905)

1+1이 2인 것은 유치원에 다니는 아이들도 알고 있어. 그러나 왜? 왜 2일까라고 다시 질문을 하면 선뜻 대답하기 어려웠지.

페아노 이전의 수학자들에게도 이 짧은 질문은 답하기 어려운 문제였어. 우리 모두 직관적으로 '당연히' 그렇게 된다고 생각하고 수학을 발전시켜왔기 때문이야.

페아노는 이런 자연수의 개념을 직관적으로 보지 않고 수학적으로 바라봤어. 그리고 5개의 약속을 만들어 '자연수의 공리계'를 세상에 내보였지. 어찌보면 간단해 보이겠지만, 이렇게 수의 가장 기본 개념을 명확하게 함으로써 거기서부터 파생된 다른 크고 작은 개념들도 명확해졌어.

그는 자연수의 공리계 외에도 기호논리학의 개척자이기도 해. 1876년 토리노 대학에 들어가 우수한 성적에 졸업하여 그 대학의 교수로 지내다 1885년에는 처음으로 미적분학 강의 교재를 내고, 3년 후 수학적 논리학을 다룬 책도 냈어. 그러다 〈수학공식안〉에서는 수학에서 필요한 여러 기호를 고안하여, 이미 만들어졌던 수학책들에 들어 있는 내용까지 새로운 기호를 사용하여 다시 냈지.

이후, 1903년에는 수학을 기술하는 언어를 보다 간편하게 만들고자 일종의 국제어인 '굴절 없는 라틴어'를 만들어서 그것을 사용하여 수학책을 편찬하기도 했어. 페아노는 수학이 발전하는 데 지름길을 놓는 역할을 한 귀중한 수학자야.

● 관련 수학자

▶ 1910~1913년 러셀, 화이트헤드
〈수학원리〉에서 1+1=2임을 증명함.

▶ 19세기 페아노
자연수 공리계를 제시함.

완전한 수란 무엇일까?

'만물의 근원은 수이다'라는 말로 유명한 수학자 피타고라스는 자기자신을 뺀 나머지 약수의 합이 그 수 자체가 되는 수를 완전수라고 했어. 그는 가장 작은 완전수는 6이므로 신은 6일 동안 천지를 완성할 수 있었다고 믿었고, 또한 28살에 결혼하면 평생이 길하다고 믿었대.

우리 조상들도 수에 의미를 부여했어. 1, 3, 5, 7,…과 같은 홀수를 양의 수, 2, 4, 6, 8,…과 같은 짝수를 음의 수라고 생각했지. 양의 수는 밝고 따뜻한 수, 음의 수는 어둡고 차가운 수로 인식했어. 달력을 펼쳐 명절의 날짜를 봐. 양의 수가 겹치는 날이 명절이야. 1월 1일은 설, 3월 3일은 삼짇날, 5월 5일은 단오, 7월 7일은 칠석, 9월 9일은 중양절이야.

42 버트런트 러셀
수학의 모순을 찾아내다

Bertrand Russell

Bertrand Russell(1872년~1970년)
영국의 수학자, 철학자, 작가. 러셀의 패러독스를 발견함.

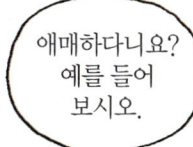

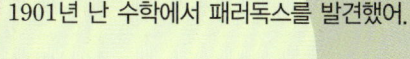

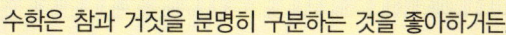

패러독스

패러독스란 어떤 말이나 상황이 참인 것 같으면서도 아닌, 모순을 가지고 있는 것을 말해. 만일 정말 시간여행을 할 수 있는 타임머신이 있다면 이 상황도 패러독스를 가지고 있을 거야. 시간을 되돌아갔다면 그때의 행동이 앞으로의 시간에 분명 영향을 미칠 테지. 만일 먼 과거로 되돌아가 조상을 만났고, 예기치 않은 상황에 그 조상을 내가 죽였다면, 현재의 나는 영원히 존재할 수조차 없게 돼. 그러나 현재의 난 살아서 과거로 시간여행을 하고 있잖아? 또 왼쪽과 같은 표지판도 뭐가 맞는 말인지 알 수 없어. 따라서 우리는 결론이나 주장을 말할 때, 패러독스에 빠지지 않게 조심할 필요가 있어.

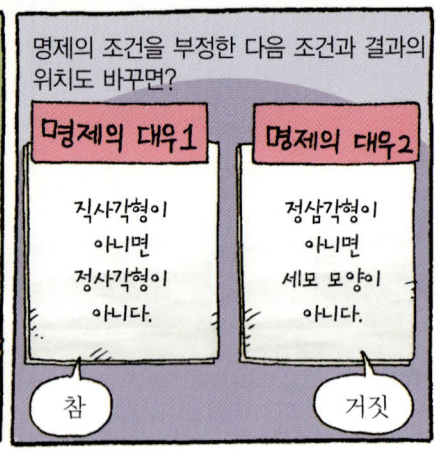

수학적 궤변을 발견한
버트런트 러셀

● 러셀의 연구와 관련된 학문
수학, 철학

● 저서
수학원론(1903, 화이트헤드와 공동 저)
신비주의와 논리학(1918)

러셀은 1872년 5월 18일 영국 웨일즈의 가문이 좋은 집안에서 태어났어. 하지만 러셀의 부모님과 할아버지는 모두 일찍 돌아가셔서 그는 할머니의 손에 키워지게 됐지. 할머니는 삶의 원칙이 분명해 러셀도 이 영향을 많이 받았어. 때문에 '다수를 따라 악을 행하지 말라'라는 좌우명도 가지게 되었고 아무리 권력이 있는 사람의 행동이라도 잘못되었으면 참지 않고 저항했어. 이런 그에게는 수학에 대한 재능도 있었어. 케임브리지에서 학생들을 가르치면서 화이트헤드와 함께 수학의 맞고 틀림을 논리적으로 증명해 나간 〈수학원론〉을 출간했고, 이 책으로 그와 화이트헤드는 동시에 세계적으로 유명세를 탔지. 러셀은 수학자들이 사용하는 일상 언어가 때때로 애매모호하다고 생각했어. 수학만큼 정확해야 할 학문에서 이런 애매모호함은 독이라 생각했고 이를 해결하려면 조금 더 수학을 논리적으로 접근해야 한다고 했지. 칸토어는 무한의 개념을 설명하기 위해 집합론을 사용했고, 러셀은 그중 하나의 모순을 발견했어. 러셀의 패러독스로 불리게 된 만큼 유명한 사건이지. 결론적으로 보면 러셀의 이런 논리적 수학접근마저도 단순한 글자 조작일 뿐이라는 비판으로 크게 성공은 못했어. 하지만 수학을 바라보는 그의 새로운 사고방식은 충분히 높이 평가할만 해.

● 관련 수학자

▶ 19세기 프레게
수학은 논리학으로 구성되어야 할 것이라는 주장으로 러셀에게 깊은 영향을 미침.

▶ 1901년 러셀
러셀의 패러독스를 발견함.

▶ 1903년 러셀, 화이트헤드
수학을 논리학 위에 세우려는 시도를 함.

▶ 1908년 비트겐슈타인
러셀의 영향을 받아 철학에서의 수학적, 기술적, 분석적 방법을 채용함.

삼각형의 넓이가 달라진 것일까?

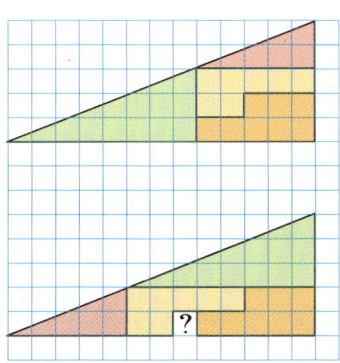

왼쪽의 두 삼각형은 분명 크기도 같고, 네 부분 모두가 똑같이 사용되었는데 아래의 모양에서는 모눈 한 칸만큼의 공간이 남았어. 삼각형을 이루는 네 도형의 배치만 달리 했을 뿐인데 넓이가 늘어났을까?
사실은 위와 아래 두 그림 모두 '진짜' 삼각형이 아니야. 초록색 삼각형과 빨간색 삼각형의 빗변의 기울기는 서로 달라.
위 그림은 삼각형 모양의 빗변이 약간 패인 그림이고, 아래 그림은 삼각형 모양의 빗변이 약간 튀어 나온 그림이야.
이렇게 눈으로 보았을 때 착각을 할 수 있는 부분이라도 수학적으로 생각해 보면 의외로 쉽게 풀리곤 하지.

43

Amalie Emmy Noether

에미 뇌터
추상대수학의 기초를 세우다

Amalie Emmy Noether(1882년~1935년)
독일의 수학자. 추상대수학의 발전에 기여함.

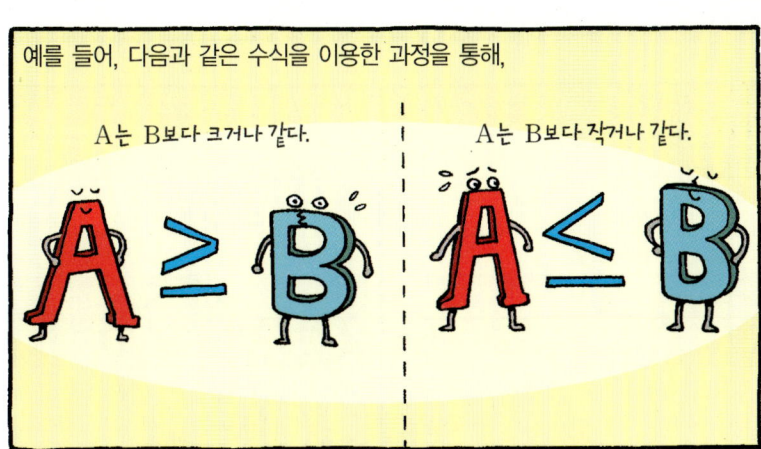

'닫혀 있다' 와 '닫혀 있지 않다'

한 집합의 임의의 수를 연산했을 때 나오는 수가 그 집합 안에 속할 때 '닫혀 있다'라고 말하고 그렇지 않을 때 '닫혀 있지 않다'라고 표현해.

	덧셈	뺄셈	곱셈	나눗셈(0나누기 제외)
자연수	닫혀 있다.	닫혀 있지 않다.	닫혀 있다.	닫혀 있지 않다.
정수	닫혀 있다.	닫혀 있다.	닫혀 있다.	닫혀 있지 않다.
유리수	닫혀 있다.	닫혀 있다.	닫혀 있다.	닫혀 있다.
무리수	닫혀 있지 않다.	닫혀 있지 않다.	닫혀 있지 않다.	닫혀 있지 않다.
실수	닫혀 있다.	닫혀 있다.	닫혀 있다.	닫혀 있다.

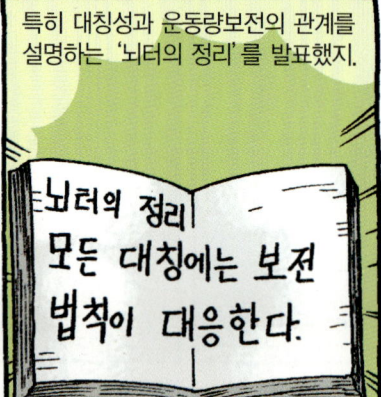

추상대수학의 기틀을 마련한 에미 뇌터

에미 뇌터

● 뇌터의 연구와 관련된 학문
수학

뇌터는 독일 바이에른 주 에를랑겐에서 태어났어. 그의 아버지는 에를랑 겐뉘른베르크 대학교의 유명한 수학자인 막스 뇌터였어. 그는 당시 남자들의 성역으로만 여겨졌던 수학계에서 여성차별의 벽을 넘어 위대한 수학적 업적을 남겼어. 그가 어린 시절부터 남다른 수학적 재능을 보인 것은 아니야. 오히려 음악과 춤에 더 관심 있던 평범한 소녀였지. 그러나 아버지의 영향으로 수학에 관심을 갖게 된 그는 여성들에게 대학 입학이 허용되지 않던 1900년도에 대학 청강생으로 수업을 들으며 박사학위를 받았어. 이런 뇌터의 능력을 유심히 본 당대 최고의 수학자 힐베르트는 그가 대학에서 강의를 할 수 있도록 편의를 봐주었고 많은 학문적 도움을 주었어.

뇌터는 복잡한 계산을 통해 문제를 푸는 기존의 방식에서 벗어나 남다른 직관력으로 단순하면서도 일반적인 접근을 통해 문제를 해결하는 추상대수학의 기틀을 마련하였지.

그가 발표한 뇌터의 정리나 뇌터환은 당시 수학계와 물리학 분야에서 충격적인 반응을 불러일으킬 정도로 놀라운 업적이었어. 에미 뇌터가 더욱 위대한 수학자로 기억되는 건 그가 여자의 몸으로 남자들의 독무대였던 수학계에서 시련과 난관을 극복해 위대한 업적을 남겼기 때문이야.

지금도 미국 여성수학협회는 매년 수학계에 공헌한 여성수학자를 초청해 '에미 뇌터 강좌' 란 이름으로 강연을 열어 그를 기리고 있어.

● 관련 수학자

▶ 1843년 해밀턴	▶ 1871년 데데킨트	▶ 1922년 뇌터	▶ 1930년 자리스키
4원수의 발견, 대수학의 추상화시킴.	이데알 개념을 도입시키고, 추상대수학을 개척함.	추상대수학 기초를 확립함.	추상대수학을 연구함.

수학사에 이름을 남긴 여성수학자들

하이파티아
소피 제르맹
코발레프스카야

손에 꼽을 정도지만 에미 뇌터처럼 수학사에 이름을 남긴 유명한 여성들이 있어.
- 하이파티아 – 인류 최초의 여성수학자이자 철학자로 알려져 있어. 이집트 알렉산드리아에서 수학자 테온의 딸로 태어나 유클리드의 〈원론〉을 개정했고, 당시 유명한 수학책에 주석을 달았지.
- 소피 제르맹 – 프랑스의 여성수학자인데, 자신이 여자란 것을 숨기고 르 블랑이란 가명으로 훌륭한 리포트를 제출해 가우스와 라그랑주로부터 극찬을 받았어.
- 코발레프스카야 – 러시아의 귀족으로 태어난 소냐는 매우 뛰어난 논문을 여럿 발표해 그 능력을 인정받아 여성으로서는 최초로 박사학위를 받았어.

44 조지 폴리아
문제 해결의 4단계를 창시하다

George Polya(1887년~1985년)
헝가리의 수학자. 문제 해결 4단계를 창시함.

문제 해결의 어느 단계가 가장 중요할까?

돼지와 닭이 10마리의 다리를 세어 보니 모두 28개였습니다.
돼지와 닭은 각각 몇 마리씩 있습니까?

〈정답〉 돼지 4마리, 닭 6마리

왼쪽과 같은 문제를 해결하려고 할 때 가장 먼저 해야 할 것은 무엇일까? 그래, 우선 문제를 꼼꼼히 읽어 무엇을 묻고 있는지 찾아내야 해. 돼지와 닭이 '각각' 몇 마리인지 구하는 거야. 이제 두 동물은 모두 10마리이고, 두 동물의 다리 수가 모두 28개라는 조건을 머릿속에 두고 식을 세울지, 표를 그릴지, 아니면 또 다른 나만의 방법으로 풀지 전략을 짜야 해. 전략대로 문제를 풀고, 마지막으로 할 일은 정확하게 구했는지 검토하는 작업이야. 문제를 해결하는 네 단계(이해 → 계획 → 실행 → 반성) 중 어느 한 단계가 더 중요하다고 할 수 없어. 이 중 한 부분이라도 잘못되면 정답에서 멀어질 뿐이니까.

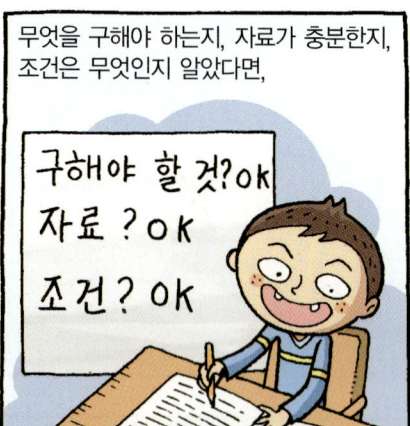

어떤 문제를 풀 수 없다면 풀 수 있는 쉬운 문제를 찾아라
조지 폴리아

조지 폴리아

● **폴리아의 연구와 관련된 학문**
수학

● **저서**
어떻게 문제를 풀 것인가
문제해결을 이해하고, 배우고, 가르치기
수학과 추론

헝가리의 부다페스트에서 태어난 폴리아는 어린 시절부터 수학에 흥미를 느낀 것은 아니야. 오히려 단순 암기를 강요하는 가르침 때문에 수학 외의 다른 학문에만 열중했지.

그런데 그는 1905년 형의 도움으로 부다페스트 대학에 입학하여 법률과 다른 공부를 하다가 우연히 지도 교수님의 권유로 물리와 수학을 공부하게 되었지. 막상 수학을 공부해보니 흥미를 느꼈고 결국 수학 교수가 되어 책까지 쓰게 되었어. 그가 집필한 〈어떻게 문제를 풀 것인가〉는 발간된 첫 해에만 100만 권 이상이 팔렸지. 이 책에서 그는 모든 종류의 문제를 해결하는데 필요한 일반적인 방법을 제시하고 있어. 그래서 수학교육의 시기를 폴리아 이전과 이후로 나누는 큰 의미를 가지고 있기도 해. 결국 1969년에 그의 이름을 딴 폴리아 상까지 제정되었지.

폴리아는 수학교육에서 문제 해결을 논의의 대상으로 부각시킨 최초의 수학자야. 그는 문제 해결의 각 단계는 모두 중요하다고 하였지만, 그중 가장 나쁜 경우는 문제를 이해하지도 않고, 곧바로 계산을 하는 것이라고 강조했어. 이런 문제 해결의 전략과 관련된 내용은 실생활에서도 중요한 수학적 사고이며, 실제 교과서에서도 어느 특정 단원에만 나오는 것이 아니라 모든 영역에 걸쳐 적용되고 있어.

● **관련 수학자**

▶ **20세기 폴리아**
〈어떻게 문제를 풀 것인가〉에서 문제 해결의 단계를 처음으로 언급함.

▶ **1969년**
폴리아상이 제정됨.

수학적 사고는 왜 중요할까?

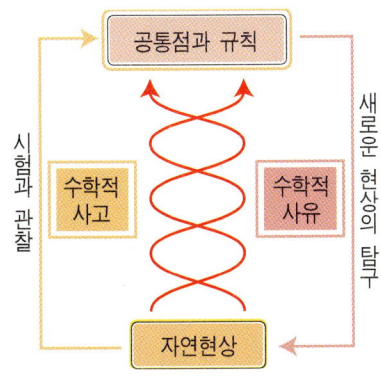

수학은 배워서 어디에 쓸까? 단순한 더하기, 빼기, 곱하기, 나누기만 할 줄 알면 사는데 아무 지장이 없을 것이라고 생각하는 사람도 있어. 하지만 수학적 사고는 수학적 문제 상황을 해결하기 위한 사고로 우리가 수학 문제를 품과 동시에 알게 모르게 학습되고 있어.

'만일~라면'이라고 묻고 모든 가능성에 대해서 생각한 후 가장 좋은 답을 찾는 일, 자료로부터 알 수 없는 앞일을 예측하는 일, 관찰된 현상을 설명하기 위한 기본 원리를 찾는 일, 공통성을 찾아내는 일,… 모두가 수학적 사고야.

유연한 수학적 사고를 가지고 있다면 장애가 생겼을 때 그것을 해결할 힘을 가지고 있는 거야. 따라서 이 방법을 터득하는 것을 게을리 하면 안 되겠지?

45 헤르만 베일
벡터를 체계화시키다

Herman Weyl

Herman Weyl(1885년~1955년)
독일의 수학자. 벡터의 개념을 체계화함.

안녕? 난 독일의 수학자 베일이야. 수학의 도시인 프린스턴에 살았어.

이곳 프린스턴에는 많은 유명한 수학자를 배출한 괴팅겐 대학이 있지.

이런 곳에서 살아서일까 난 매사 수학에 대해 열정적으로 연구했어.

난 수학 뿐만이 아니라 물리학에도 관심이 많았어.

분위기가 사람을 만드는군.

그래서 단순히 수학만으로 생각하지 않고 물리학과 함께 학문의 분야를 넘나들며 연구를 펼쳤지.

두 가지를 함께 하고 싶어.

수학을 설명할 때 방향을 함께 설명해야 하는 경우가 많아.

계산만 잘하면 되는 것 아니었나요?

가령 두 친구가 어떤 지점에서 똑같이 10km를 가더라도 가는 방향이 다르면 결과도 달라지잖아.

거리는 같은데

내가 너무 둘러 왔나?

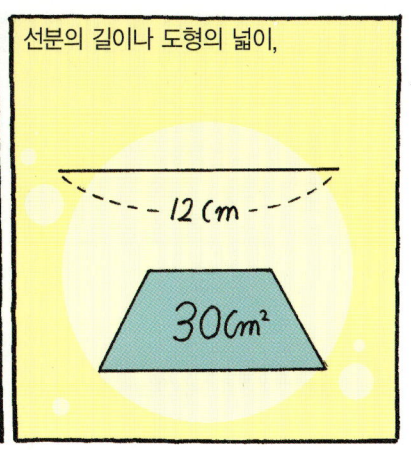

속도는 벡터양일까, 스칼라양일까?

우리는 속도와 속력이라는 단어를 가끔 혼동할 때가 있어. 이 두 양의 차이가 뭔 줄 아니? 바로 벡터양과 스칼라양이라는 점이야. 방향이 있는 값을 **벡터**, 없는 값을 **스칼라**라고 해. 결론부터 말하자면 속도는 벡터양, 속력은 스칼라양이야. 자동차를 타고 출발점에서 북쪽으로 3시간 동안 300km를 갔다가 다시 남쪽으로 1시간 동안 80km를 내려 왔다고 해봐. 그럼 자동차의 속도는? 속도는 1시간 동안 '이동한 거리'로 구해. $\frac{220}{4}=55(km/h)$야.

그러나 속력은? 속력은 1시간 동안 '움직인 거리'로 구해. $\frac{380}{4}=95(km/h)$야.

수학과 물리학을 넘나들며 벡터를 연구한
헤르만 베일

● **베일의 연구와 관련된 학문**
수학, 물리학

자전거를 타고 동쪽으로 100m를 간다거나, 공을 위로 50cm 던진다거나 하는 것과 같이 크기와 방향을 함께 생각해야 하는 상황은 우리의 생활에서 흔히 접하게 될 거야. 바람과 같은 자연현상들에서도 쉽게 찾아볼 수 있어. 크기와 방향을 함께 갖는 양을 벡터라고 하는데, 이 개념은 아마도 르네상스 시대에 천체의 운동과 관련해서 생긴 것으로 추측하고 있어. 베일이 벡터를 만든 것은 아니지만 벡터의 개념은 그에 의해서 명확하게 정의되고 체계화되었어.

1885년 독일에서 태어난 베일은 19세 때 괴팅겐 대학에 입학하고, 23세 때 적분방정식의 연구로 그 대학에서 학위를 받았어. 그리고는 교수가 되어 수학과 물리학을 넘나들며 연구를 했지.

그의 연구는 순수수학에서부터 물리, 양자역학 등 넓은 범위에 걸쳐 있어. 그리고 공간, 시간, 사물, 철학, 수학 역사에 관련하여 저술했어.

그의 논문은 A와 B를 연결한 벡터 $\overrightarrow{AB}$를 점의 좌표를 사용하여 간결하게 바꾸어 나타낼 수 있게 하기도 했지. 벡터가 단순히 힘, 속도, 가속도와 같은 것을 나타내는 데만 쓰이는 것이 아니라, 공학, 의학, 경제학 등에도 널리 응용되고 있는 것에도 그의 공이 커.

● **관련 수학자**

▶ 16세기 스테빈, 갈릴레이	▶ 1799년 베셀	▶ 19세기 중 해밀턴, 그라스만	▶ 20세기 베일
벡터의 합성에 관한 법칙 발견함.	크기와 방향을 가진 양으로써의 벡터 발견하여 처음으로 복소수를 방향을 가진 양으로 인정함.	벡터를 3차원으로 확장함.	벡터의 개념을 체계화, 좌표에 벡터를 표현함.

수학 talk talk

그래픽에 벡터가 이용되다니!

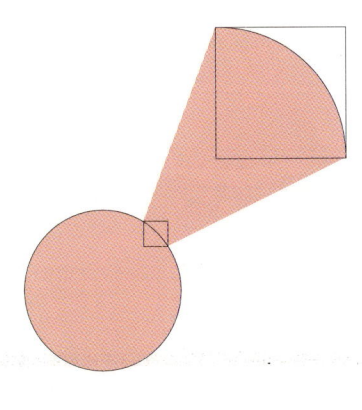

벡터 그래픽은 주어진 2차원이나 3차원 공간에 선이나 모양을 배치하는데 수학적 표현을 통해서 디지털 이미지를 만드는 방법이야.

예를 들어서 벡터 그래픽 파일에는 선을 그리기 위해서 각 점들이 연결될 점의 위치가 저장되는 거야. 3차원 애니메이션이 되면 3차원 공간 안에서의 좌표 번호를 기억하게 되는 거지. 그래서 파일의 크기가 작아지고, 왼쪽과 같이 이미지의 크기를 확대해도 깨지지 않아.

벡터 그래픽은 점들이 모여서 이루어져 있기 때문에 수정도 쉽다는 장점이 있어.

주로 점, 선, 면과 같은 도형을 그리는데 사용되고, 이런 이유에서 벡터 파일을 때때로 기하학적 도형 파일이라고도 불러.

46 로널드 피셔
표본으로부터 전체의 값을 추정하다

Ronald Aylmer Fisher

Ronald Aylmer Fisher(1890년~1962년)
영국의 농학자, 통계학자. 추계통계학을 창시함.

안녕? 난 추계통계학의 창시자인 피셔야.
하이~
추(秋)계? 가을에 하는 통계학인가?

'추정'이란 방법을 통해 자료를 분석하는 것을 추계통계학이라고 해.
추정이란 조사하고자 하는 집단에서 일부를 분석해 전체 값을 추측하는 것을 말하지.
집단

그렇다면 왜 이런 추계통계학이 필요하게 된 걸까?

내가 로잠스테드 농사 시험장 통계 연구실에 있을 때의 일이었어.
슥 슥
통계 연구실

이 연구소는 90년이 넘게 다양한 인공비료가 곡식에 미치는 영향을 연구해 왔지만, 별다른 성과를 내지 못하고 있었지.
자료를 이렇게나 모으고도 결론을 내지 못하다니.

난 이 문제를 자료분석을 통해 3년만에 풀어냈어.
헐~
풀었다! 문제는 비료가 아니라 강우량 때문이야!
강우량
벌떡

이걸 가능하게 한 것은 여러 가지 변수를 수학적으로 계산해 예측할 수 있게 해주는 방정식 덕분이었어.
이 방정식에 실험설계란 이름을 붙이자.
변수
실험설계
결과
위이잉~

난 기존의 통계학의 방법을 탈피해 전혀 다른 시각으로 문제를 풀었고, 통계학에 새로운 가능성을 발견하게 된 거야.
기존의 방법으론 안 돼. 새로운 게 필요해.
기존 통계학

추출의 방법

표본조사를 하기 위해선 조사하고자하는 집단(모집단)에서 표본을 뽑아내야 하는데 이것을 **추출**이라고 해. 추출의 방법에는 복원추출과 비복원추출이 있는데 그 차이점을 알아보자.

- 복원추출 : 한 번 추출한 표본을 다시 넣고 또 다시 추출하는 것
  예) 주사위를 던져 나오는 1부터 6까지의 수(한 번 나온 수가 다시 나올 수 있음.)
- 비복원추출 : 한 번 추출한 표본을 다시 넣지 않고 추출하는 것
  예) 로또 번호 추첨(한 번 나온 수는 다시 나오지 않음.)

표본을 보고 전체를 추정한
로널드 피셔

로널드 피셔

● **피셔의 연구와 관련된 학문**
통계학

● **저서**
노동자 조사에 관한 통계적 방법 (1925)
수학적 통계학에 대한 기고(1950)

통계의 방법에는 모든 자료를 모아서 분석하는 방법과 일부 표본만 추출해서 전체 결과를 추정하는 방법이 있어. 피셔는 그중 표본을 통해 전체 결과를 추정하는 추계통계학을 창시한 장본인이야.

피셔는 어려서 몸이 매우 허약했어. 거기다 지독한 근시라 멀리 있는 것은 잘 볼 수조차 없었지. 때문에 자연스레 책을 읽으며 보내는 시간이 많아졌어. 하지만 눈이 더 나빠질 것을 우려해 책도 오래 볼 수가 없었지. 그래서 그는 수학적 상상과 암산을 통해 책과 노트가 없어도 공부를 하는 방법을 터득했어. 하지만 피셔의 인생은 그리 순탄하지 않았어. 대학에서 최우수 졸업생으로 뽑혔지만 당시 통계학을 주름잡던 학자들의 경계 때문에 대학에 남지 못하고 고등학교에서 수학을 가르치게 되었지. 특히 수리통계학의 피어슨과는 매우 사이가 안 좋았어.

피셔가 주목을 받게 된 건 로잠스테드 농사 시험장 연구소에서 근무했을 때였어. 그곳에서는 90년이 넘도록 인공비료 연구를 해왔지만 이렇다 할 성과가 없었는데, 피셔는 연구소에서 잘못된 변수를 사용했음을 파악하고 불과 3년만에 해답을 내놓았지. 그 과정에서 '실험설계'란 수학모델을 만들어 내고, 더 나아가 기존의 통계학을 개선 발전시켜 추계통계학이라는 새로운 학문을 만들어낸 거야.

● **관련 수학자**

▶ 1812년 라플라스	▶ 1869년 케틀레	▶ 1884년 피어슨	▶ 1889년 골턴	▶ 1925년 피셔
확률의 해석적 이론을 발표함.	근대통계학을 확립시킴.	수리통계학의 기초를 확립시킴.	유전학의 통계적 연구를 함.	추계통계학을 창시함.

여론조사에 실패한 통계 회사

루즈벨트 대통령

리터러리 다이제스트사의 대통령 선거 여론조사에서의 실패담은 통계학에서 변수 설정의 중요성을 일깨워 줘. 리터러리사는 무려 천만 장의 설문지를 분석한 결과 루즈벨트와 알프랜던 두 후보자 중에 알프랜던이 압도적으로 승리할 것이라고 예상했어. 하지만 루즈벨트의 압승으로 대선은 끝났고 리터러리사는 얼마 뒤 문을 닫고 말았지. 소득격차를 무시했던 거야. 고소득자만의 의견을 적극 반영해 결과를 추정한 결과 제대로 된 결과를 이끌어내지 못한 거지.

반면 같은 시기 갤럽이란 회사는 훨씬 적은 5천명의 표본조사만으로도 정확한 결과를 예측했는데, 사회, 경제, 정치적 변수들을 과학적으로 분석해 여론조사에 반영했다고 해.

47

Alan Mathison Turing

앨런 튜링
수학을 이용해 암호를 해독하다

Alan Mathison Turing(1912년~1954년)
영국의 수학자, 암호학자. 컴퓨터 과학의 선구자.

안녕, 난 앨런 튜링이야.

난 수학자이자 암호학자란다.

암호란 어떤 약속을 통해 원하는 사람만이 알 수 있게 만든 말이나 기호를 뜻해.

헉! 무슨 작전이길래 저렇게 복잡해?

젠장! 나도 모르겠다!

만약 세상에 암호가 없다면 어떻게 될까?

나 없이 잘 살아봐!

돈이나 귀중품을 넣어둘 금고도 쓸모가 없고,

에이 쓸모도 없는 깡통 같으니!

전쟁 중에도 아군에게 중요한 정보를 전달할 수도 없으며,

정말 중요한 정본데, 어떻게 전달할 방법이 없네.

컴퓨터에 일기도 제대로 쓰지 못하겠지.

하아~

순심이가 다이어트 때문에 고민이구나.

특히 오늘날처럼 자기 정보보안이 필수인 시대에 암호의 중요성은 두말할 필요가 없겠지?

꺄오! 해킹당했다!

내가 암호에 관심을 가지게 된 것은 전쟁 때문이었어.

제2차 세계대전으로 전 세계가 몸살을 앓던 때였지.

1939년 영국의 블레츨리 파크에는 다양한 분야의 수재들이 모여들었어.

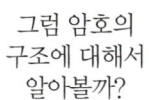

26개의 알파벳에 1~26의 번호를 부여하고 수학이란 뜻의 MATH를 암호화 해보면 PDWK가 나와.

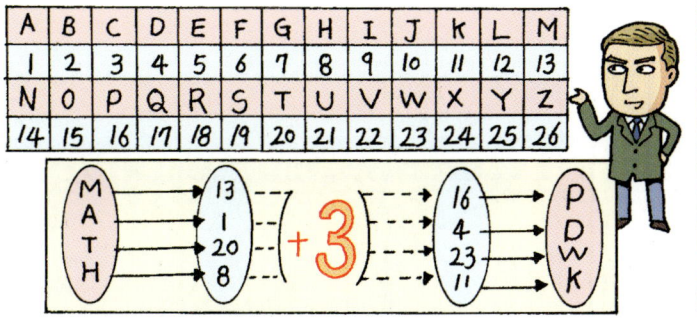

다양한 암호에 이용되는 수학

암호는 고대 로마시대부터 널리 사용되어 왔어. 그런데 이 암호체계에는 다양한 수학적 지식들이 사용되고 있다는 사실, 알고 있니?

- 카이사르 암호 : 카이사르가 만든 암호로 알파벳을 일정 수만큼 뒤로 밀어서 대응시키는 암호야. 함수에서 값을 대응하는 것과 같은 원리지. (함수)
- AES 암호 : 이전에 쓰인 DES 암호를 대체하기 위해 만들어진 암호로 평문을 수로 바꾸어 4×4 행렬에 배치시켜 암호화하는 방법이야. (행렬)
- RSA 암호 : 전자상거래에서 가장 많이 쓰이는 암호로 큰 숫자는 소인수분해하기 어렵다는 점을 이용해 만든 암호야. (소인수분해)

최초의 컴퓨터를 만들어 암호를 해독한
앨런 튜링

● **튜링의 연구와 관련된 학문**
수학, 암호학, 물리학

튜링은 영국출신의 수학자이자 암호학자야. 그는 어려서부터 영재의 기질을 발휘해 3주 만에 읽기를 배우고 미적분을 배우지 않고도 고등수학문제를 풀어버렸다고 해.

1936년 캠브리지 대학에서 연구하던 중 자신의 이름을 딴 '튜링 기계' 라는 이론을 제시했어. 튜링 기계는 실제 기계가 아니라 머릿속에 존재하는 가상의 기계인데, 이것은 오늘날의 컴퓨터 구조의 기본이 되었지.

그리고 얼마 뒤 유럽에는 전쟁의 기운이 감돌았어. 제 2차 세계대전이 발발한 거야. 영국 정부는 튜링을 포함하여 전국의 유능한 인재들을 모았어.

이들이 모인 이유는 전쟁을 일으킨 독일의 군사 암호 체계인 '에니그마' 를 해독하기 위해서였지. '에니그마' 는 수수께끼란 뜻으로 매우 풀기 어려운 암호였어. 튜링과 동료들은 수년의 연구 끝에 에니그마를 해독하는데 성공했어. 특히 이 암호를 풀기 위해선 인간의 힘으로는 불가능한 엄청난 수의 계산이 필요했는데, 튜링은 콜로서스란 컴퓨터를 만들어 이를 해결했어. 그리고 그는 전쟁 후에 '튜링테스트'를 발표해 최초로 인공지능에 대한 개념을 제시하기도 하는 등 컴퓨터 발전에 큰 역할을 했지.

현재 계산기학회에서는 그의 이름을 딴 '튜링상'을 만들어 매년 컴퓨터 과학에 중요한 업적을 기록한 사람들에게 수여하고 있어.

● **관련 수학자**

▶ 기원전 1세기 카이사르	▶ 1586년 비제네르	▶ 1918년 슈르비우스	▶ 1943년 튜링
카이사르 암호를 사용함.	비제네르 암호를 개발함.	독일군 군사 암호 에니그마를 개발함.	암호 해독 컴퓨터, 콜로서스를 개발함.

앞으로는 어떤 암호를 사용할까?

양자컴퓨터의 내부

현재의 다양한 암호체계는 수학적으로 풀기 어려움에 바탕을 두고 만들어졌어. 하지만 이런 암호체계는 컴퓨터의 발전으로 순식간에 뚫릴 수 있다는 단점이 있어. 그래서 새롭게 주목 받고 있는 암호가 양자암호야.

양자암호는 물리학에 바탕을 둔 암호체계야. 그래서 수학적 방법으로는 해독할 수가 없어. 측정할 때마다 양자의 상태가 변하기 때문에 양자암호는 복제가 불가능할 뿐 아니라 누군가가 암호를 알아내려고 하면 반드시 흔적이 남아. 현재 전 세계적으로 양자암호의 안전성을 연구하고 있어.

48 베누아 만델브로트
단순함 속에 숨어있는 복잡함, 프랙탈

Benoit Mandelbrot

Benoit Mandelbrot(1924년~2010년)
폴란드 출생 프랑스 수학자. 프랙탈 기하학의 선구자.

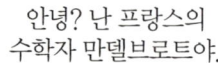
안녕? 난 프랑스의 수학자 만델브로트야.

혹시 이런 그림들 본적 있니?

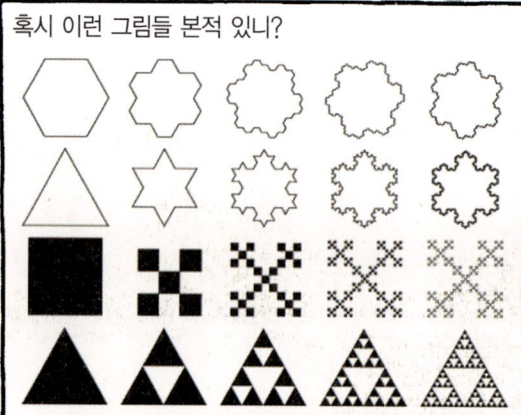
이렇게 전체와 부분이 똑같은 형태가 무한이 반복되는 구조를 '프랙탈'이라고 해.

내가 이름지었지.

프랙탈이란 라틴어인 'fractus'에서 따온 것으로 부서진 상태라는 의미를 가지고 있어.

프랙탈 구조는 어느 한 부분을 확대해도 그 구조가 바뀌지 않고 전체의 모습과 같은 모습을 보여주고 있지.

크악! 또 똑같은 그림이야!

이처럼 프랙탈 구조를 지닌 도형은 자기유사성과 순환성이라는 특징을 가지고 있어.

무한 반복! 증식!

프랙탈 구조는 이것 말고도 또 다른 특성이 있어.

특징: 자기유사성 순환성
특징2: ?

프랙탈을 다룬 논문에서 나는 아래와 같은 질문을 던졌어.

질문: 영국의 해안선의 길이는 얼마일까?

응?

측량술이나 위성사진이 발단한 지금은 해안선의 길이쯤은 쉽게 구할 수 있을 것 같지만 실은 그렇게 간단한 게 아니야.

1600마일 정도?

무슨 소리! 2550마일이야!

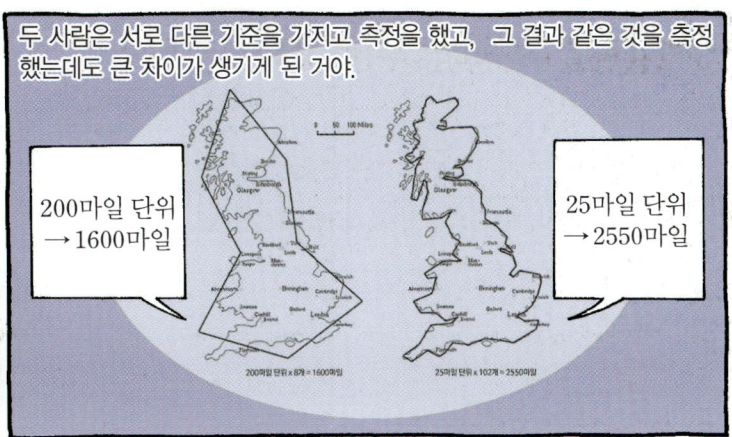

프랙탈을 차원으로 나타내면?

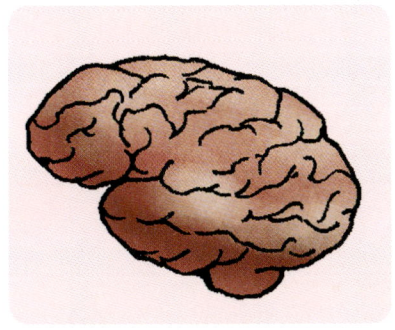

2.75차원

흔히 우리가 차원의 개념을 말할 때는 1, 2, 3, 4차원 같이 정수 단위로 말하곤 해. 선은 1차원이야. 하지만 프랙탈 개념이 도입되고 부터는 차원은 정수라는 기존 수학의 개념이 무너지고 새롭게 정의되었어.

코흐의 눈송이를 예로 들어 볼까? 코흐의 눈송이는 선분으로 구성되어 1차원으로 생각할 수 있지만 한 변이 매 단계마다 $\frac{4}{3}$배씩 늘어나므로 만델브로트의 차원 정의에 따르면 약 1.2618차원이 돼.

같은 방식으로 영국의 해안선은 1.33차원, 뇌의 주름은 2.75차원이야. 만델브로트는 이를 '분수차원' 이라 불렀어.

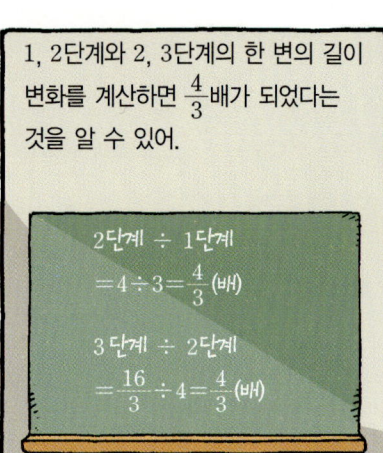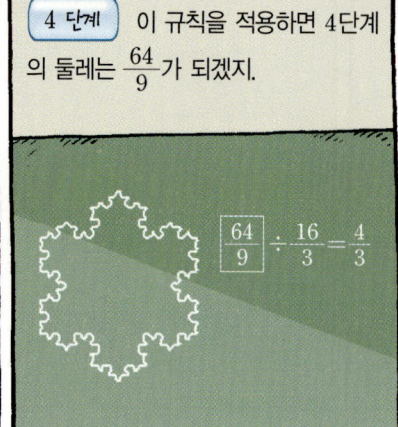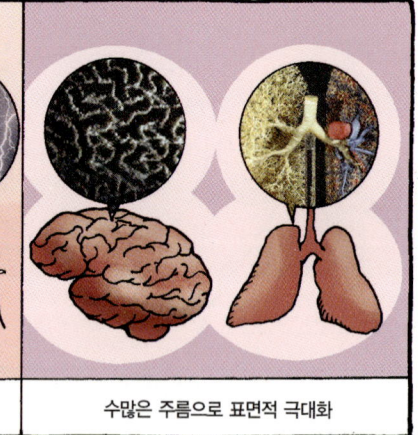

프랙탈을 만들어 각 분야에 적용한
베누아 만델브로트

베누아 만델브로트

● **만델브로트의 연구와 관련된 학문**
  수학

● **저서**
  자연의 프랙탈 기하학(1982)

2010년 10월 14일, 생존해 있던 가장 유명한 수학자 중 한 사람인 만델브로트가 세상을 떠났어. 그는 자경제, 정보, 물리, 생리학 등 수많은 곳에 적용되는 개념인 '프랙탈'이라는 용어의 창시자였지.

만델브로트는 1924년 폴란드 바르샤바에서 태어났어. 세계대전으로 혼란스러운 시기에 태어난 그는 프랑스 파리에서, 또다시 툴레로 피난다니느라 제대로 된 학교 교육을 받지 못했지. 그에게 선생님은 바로 저명한 수학자였던 외삼촌 숄렘 만델브로트였어. 전쟁이 끝난 후 파리대학에서 박사학위를 받은 만델브로트는 기하학 연구를 위해 미국 IBM 연구소에서 연구를 시작했어. 그곳에서 수많은 연구 논문을 검토하던 중 '자기유사성'을 보이는 패턴들을 보이는 현상에 대해서 정리를 해 나가기 시작했고, 1975년 '부서진'이라는 뜻의 라틴어 'fractus'에 따온 신조어 '프랙탈'을 만들어 발표했어.

프랙탈 구조는 해안선이나 식물 같은 자연 뿐 아니라, 경제학이나 강의 수위변화의 패턴 같은 통계 수학적 개념에서도 발견돼.

만델브로트가 더욱 대단한 평가를 받는 이유는 그가 프랙탈이란 용어만 만든 것이 아니라 경제학, 정보과학, 물리학, 생리학, 컴퓨터그래픽 등 여러 곳에 프랙탈을 적용했기 때문이야. 그래서 사람들은 그를 '프랙탈의 아버지'란 별명으로 부르곤 했어.

● **관련 수학자**

▶ 1872년 칸토르	▶ 1904년 코흐	▶ 1915년 시에르핀스키	▶ 1975년 만델브로트
칸토르의 먼지 개념을 발표함.	프랙탈 도형 '코흐의 눈송이' 발견함.	프랙탈 도형 '시에르핀스키 삼각형' 발견함.	프랙탈 이론을 확립함.

신비하고 환상적인 프랙탈 아트

프랙탈이란 자기유사성과 순환성이라는 특징을 지닌 구조를 말해. 이런 구조를 이용해 복잡하고 묘한 패턴의 이미지를 만드는 것을 '프랙탈 아트'라고 하고 프랙탈 아트를 만드는 사람을 '프랙탈 아티스트'라고 해.

프랙탈 아트가 발전할 수 있었던 것은 컴퓨터의 발전 덕이었어. 프랙탈 아트를 제작하는 데는 대수학적 방법과, 위상수학이나 통계 같은 프랙탈 기하학을 이용하는 방법, 컴퓨터 그래픽 프로그램을 이용해 합성하는 방법 등이 있는데, 컴퓨터는 복잡한 계산을 통해 이들을 이미지화 시켜. 혼돈 속에 숨어 있는 규칙들이 만들어내는 아름답고 환상적인 이미지가 마치 꿈을 꾸는 듯 한 신비한 느낌을 줘.

49

Wolfgan Haken

볼프강 하켄
4색 문제를 증명하다

Wolfgan Haken(1928년~현재)
미국의 수학자. 케네스 아펠과 함께 4색 문제를 증명함.

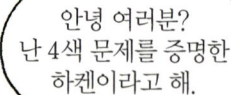

4색 문제의 증명

평면에 있는 어떤 도형이라도 서로 맞닿은 부분을 다른 색으로 칠하는 것은 4가지 색이면 충분하다는 4색 문제는 하켄과 아펠이 증명했어. 증명함과 동시에 4색 문제는 4색 정리로 그 이름도 바뀌었지. 3색으로는 평면을 칠할 수 없다는 것은 칠할 수 없는 상황을 찾음으로써 증명할 수 있어. 또 5색으로 평면을 칠하는 것이 가능하다는 것은 이미 증명이 되어 있었지. 하켄과 아펠은 평면을 부분으로 나누는 가짓수가 무한하지 않고 유한하다는 점을 이용하여 모든 경우를 컴퓨터로 검사해 이 문제를 증명해냈어. 컴퓨터를 이용한 이 증명은 인정을 받았긴 했지만, 4색 문제를 보다 간단하게 증명하려는 사람들은 여전히 연구 중이야.

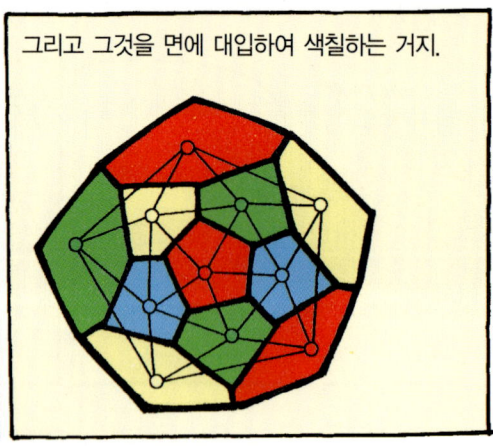

아펠과 함께 4색 문제를 증명해낸
볼프강 하켄

4색으로 칠한 지도의 예

● 하켄의 연구와 관련된 학문
수학

4색 문제는 1976년 6월 볼프강 하켄과 케네스 아펠에 의해 증명되었어. 증명과 동시에 '4색 문제'에서 '4색 정리'로 이름이 바뀌었지.

하켄은 미국 일리노이 대학 교수로 위상수학을 전공하였어. 위상수학에는 4색 문제 외에도 매듭 이론과, 푸앵카레의 추측과 같은 미해결 문제가 더 있었지. 이 중 푸앵카레의 추측은 최근에 러시아의 수학자 페렐만에 의해 증명되었고, 나머지 두 개는 하켄에 의해 증명되었어.

1852년 영국 프랜시스 구드리에 의해 처음으로 연구되었던 4색 문제 – 평면에 펼칠 수 있는 도형의 각 부분에 색을 칠할 때, 서로 맞닿은 부분을 다른 색으로 칠하는 것은 4가지 색이면 충분하다 – 에 대한 증명은 많은 전문 수학자들의 무릎을 꿇게 만들었어.

하켄 역시 아펠과 함께 이 문제를 증명하기까지 7~8년 동안 몰두했었고, 이전에 실패했던 다른 수학자들의 아이디어에서도 많은 도움을 받았어.

이 증명의 영광은 1200시간 동안 쉬지 않고 계산을 수행한 컴퓨터에게도 돌아가야 해. 사상 최초로 컴퓨터로 증명한 수학 정리이기도 하거든. 그래서 이 증명을 받아들일 것이냐에 대해 활발한 논쟁이 일어나기도 했지. 그는 증명을 한 사실 자체보다 증명을 하기까지 땀 흘릴 수 있는 열정과 끈기 있는 노력이 더욱 중요하다고 강조했어.

● 관련 수학자

▶ 1878년 케일리	▶ 1879년 켐프	▶ 1890년 하우드	▶ 1976년 하켄, 아펠
4색 문제를 처음으로 학문적으로 풀어 수학상 어려운 문제로 공식화시킴.	1879년에서 1880년 사이에 4색 문제에 관한 여러 증명을 제시함.	켐프의 증명에서 결함을 발견함.	4색 문제를 컴퓨터를 이용하여 증명함.

유니폼 색깔 정하기 문제

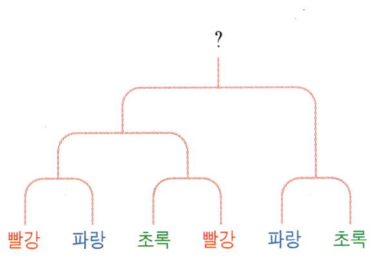

여러 팀이 운동 경기를 하여 우승자를 가릴 때, 각 팀이 한 번씩 모두 경기해 보는 리그 방식과, 이긴 팀끼리 계속해서 경기해 나가는 토너먼트 방식이 있어. 만일 왼쪽과 같이 토너먼트 방식으로 경기할 때 양 팀의 유니폼 색깔을 어떻게 입어야 할까?

보통 경기를 할 때에는 두 팀을 잘 구분하기 위해서 서로 다른 색의 유니폼을 입잖아. 모든 팀의 유니폼이 빨강, 초록, 파랑의 세 가지 색만 있고 왼쪽과 같은 대진표로 경기를 할 때, 유니폼의 색깔을 정하는 문제에서 혼란이 오지 않을까? 혼란이 오는 경우와, 그렇지 않으려면 어떤 팀이 이겨야 할지 각자 생각해 보자.

50 존 내쉬
균형이론으로 선택의 기준을 제시하다

John Nash

John Nash(1928년~현재)
미국의 수학자. 균형이론을 창시함, 노벨상 수상.

죄수의 딜레마와 보수행렬

구분	죄수 B의 묵비권	죄수 B의 자백
죄수 A의 묵비권	(−6달, −6달)	(−10년, 0)
죄수 A의 자백	(0, −10년)	(−10년, −10년)

죄수의 딜레마를 수치로 나타냈다.

보수행렬이란 어떤 선택에 있어서 이득과 손실을 동시에 놓고 볼 수 있는 하나의 기법이야. 예를 들어 '죄수의 딜레마'에서 A와 B 죄수가 나오는데, 이 두 사람의 선택에 따라 어떤 이득과 손실을 얻는지 간단하게 수치로 표현할 수 있어.

이득은 +로, 손실은 −로 하여 (A의 이득이나 손실, B의 이득이나 손실)과 같이 나타내지. 글로 쓰는 것보다는 표가, 표 안에서도 글보다는 수치가 더욱 간단하지?

213

정신분열증을 이겨낸 게임이론 전문가
존 내쉬

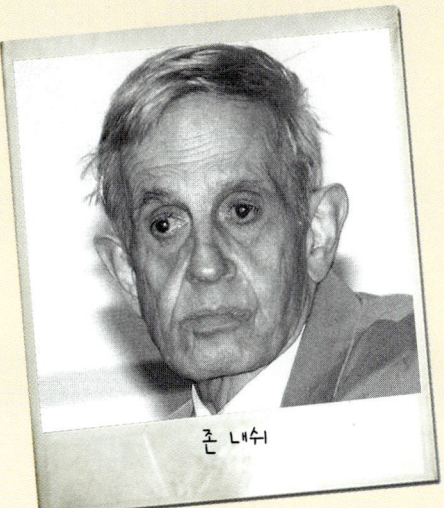

존 내쉬

● 내쉬의 연구와 관련된 학문
수학, 경제학

존 내쉬는 1928년 미국의 웨스트 버지니아주에서 태어났어. 교사인 부모님 아래에서 내쉬는 친구들과 어울려 놀기보다 혼자서 장난감을 가지고 놀거나 책을 읽는 것을 더 좋아했지.

최고의 엘리트들이 모인다는 프린스턴대학에 역대 최대의 장학금을 받고 입학한 내쉬는 1949년 불과 21세의 나이에 세상을 깜짝 놀라게 한 이론을 제시했어. 박사과정에서 학위논문으로 제출한 27쪽짜리 이 논문은 '사람들이 게임에 임할 때 전략적으로 임하면, 항상 그 균형이 하나 이상 반드시 존재하게 된다' 라는 '내쉬 균형이론'을 담고 있었어. 그래서 내쉬는 20세기 후반에 가장 주목할만한 수학자로 선정되기도 했지.

1950년대에는 게임전략이론의 전문가로서 승승장구했지만 내쉬의 행복한 삶은 그리 오래가지 못했어. 그는 1958년에 수학계의 노벨상이라 불리는 필즈메달 후보에 올랐지만 나이가 젊다는 이유로 메달을 받지 못했고, 이후 정신분열증에 걸려 약 30여년 동안 투병생활을 했거든.

그러나 프린스턴 대학과 동료들, 가족들의 노력으로 점차 회복되어 갔고, 마침내 1994년 내쉬 균형으로 노벨 경제학 상을 받게 되었어.

그의 드라마틱한 삶은 소설 〈뷰티풀 마인드〉의 소재가 되었고, 영화로 만들어지기도 했어.

● 관련 수학자

▶ 1921년 보렐	▶ 1944년 노이만	▶ 1945년 모스	▶ 1949년 내쉬
게임이론을 처음 제기함.	게임이론이라는 용어를 도입함.	잠수함 전투에 게임이론을 응용함.	균형이론을 발표함.

게임이론

게임이론이란 한 사람의 행위가 다른 사람의 행위에 미치는 전략적 상황에서 의사결정이 어떻게 이루어지는가를 수학적으로 연구하는 이론이야. 우리들은 간단한 게임을 할 때라도 게임에서 이기기 위한 전략을 생각해. 가위바위보를 한다 해도 상대방이 무엇을 낼지 생각하게 되잖아. 독일의 수학자 폰 노이만은 한 쪽이 얻으면 다른 한 쪽은 잃는 제로섬게임에서 경쟁해야 하는 상황에서의 사람의 행동을 분석했지. 사람들은 이러한 상황에서 자신에게 가장 유리한 선택을 하려고 하거든. 그 후 수많은 경제학자와 수학자들이 게임이론을 탐구하기 시작했고, 게임이론을 통해 여러 가지 사회문제들을 해결할 수 있을 거라 기대했어. 내쉬의 균형이론 역시 게임이론을 토대로 한 거야.

수학사 연표

- 16세기 슈티펠, 오늘날과 같은 방법의 지수 사용
- 16세기 카르다노, 확률을 이론으로 최초 연구
- 16세기 비에트, 거듭제곱꼴을 알파벳 모음으로 표기
- 1584년 스테빈, 최초로 소수 개념을 도입하여 표기
- 16세기 해리엇, 인수분해 최초 사용
- 16세기 페르마, 페르마의 마지막 정리 제시

- BC 7세기 탈레스, 닮음비 사용
- BC 540년경 피타고라스, 피타고라스의 정리 증명
- BC 4세기 히포크라테스, 초승달을 삼각형으로 면적 변환
- BC 4세기 플라톤, 정다면체에 4원소를 대입
- BC 4세기 에우독소스, 원시적인 형태의 극한법인 착출법 고안
- BC 240년경 아르키메데스, 원주율의 소수 둘째 자리까지 정확하게 계산
- BC 3세기 에라토스테네스, 에라토스테네스의 체 고안
- BC 300년경 유클리드, 〈기하학 원론〉 발표
- BC 3세기 아폴로니우스, 원뿔곡선 정의 확립
- BC 2세기 히파르코스, 삼각비를 이용하여 지구와 달의 거리를 측정

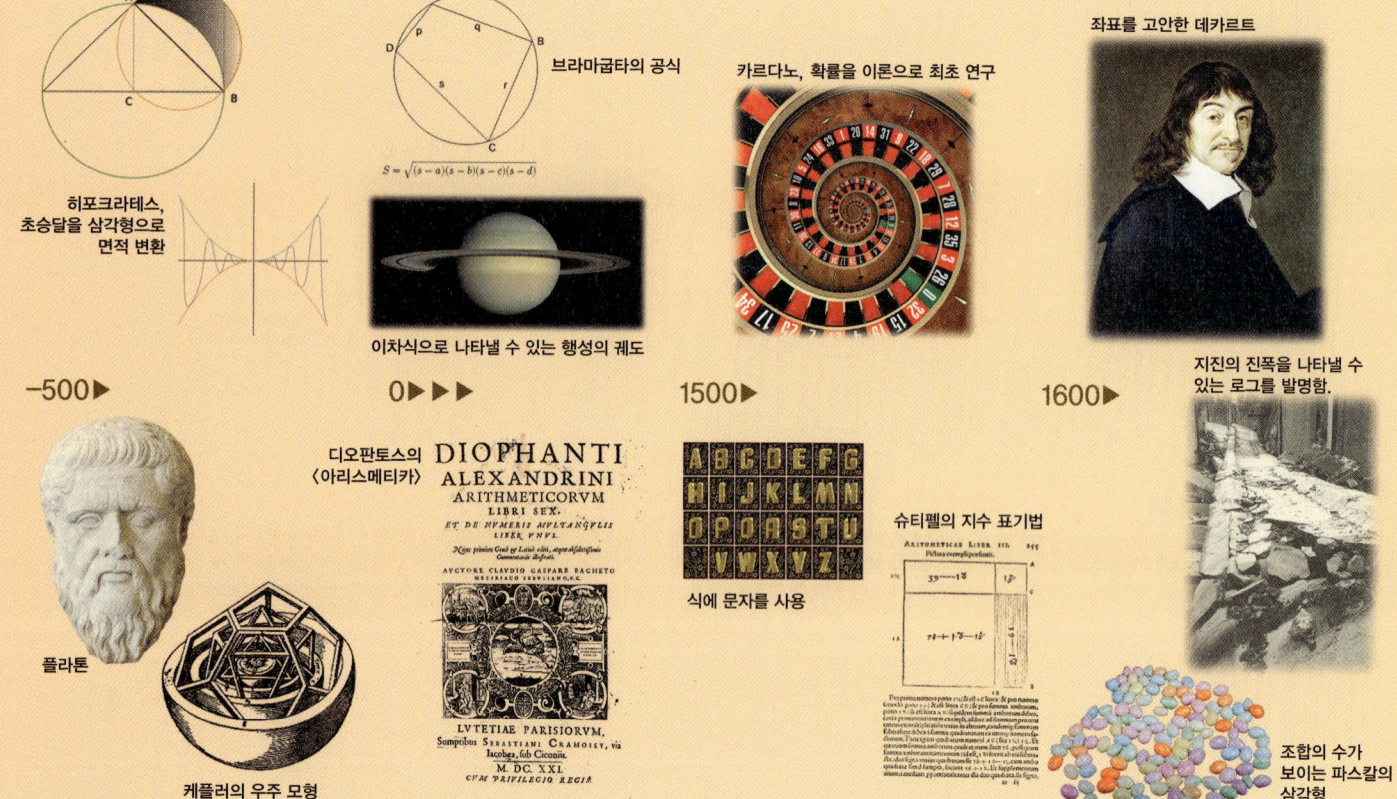

- 3세기 디오판토스, 방정식에 문자와 기호 최초 사용
- 7세기 브라마굽타, 숫자로써의 0을 인정
- 9세기 알콰리즈미, 이차방정식의 풀이 방법 소개
- 12세기 피보나치, 피보나치 수열 최초 연구
- 1614년 네이피어, 로그의 내용을 담은 책 발간
- 1617년 데카르트, 평면좌표를 최초 도입
- 17세기 파스칼, 파스칼의 삼각형 고안
- 1666년 뉴턴, 미분법 발견
- 1696년 베르누이, 최속강하곡선 문제 해결

- 1801년 가우스, 최소제곱법으로 소행성 세레스의 궤도를 정확히 계산
- 1826년 로바체프스키, 비유클리드 기하학 이론 발표
- 1858년 뫼비우스·리스팅, 뫼비우스의 띠를 독자적으로 발견
- 19세기 해밀턴, 해밀턴 경로, 해밀턴 회로 제시
- 19세기 디리클레, 함수를 집합 사이의 대응 관계로 파악
- 1820년경 아벨, 아벨군 명명
- 1854년 리만, 리만적분 정의
- 1845년 케일리, 행렬의 이론 시작
- 1858년 케일리, 행렬의 변환 이론 소개

- 1901년 러셀, 러셀의 패러독스 발견
- 1904년 푸앵카레, 푸앵카레의 추측 제기
- 1922년 뇌터, 추상대수학의 기초 확립

- 1733년 드무아브르, 정규분포곡선을 발견
- 18세기 오일러, 다면체에서 식 V+F−E=2가 성립함을 발견

오일러의 다면체 정리가 성립하지 않는 축구공

무한한 공간

하켄, 아펠의 4색 정리

비유클리드 기하학

1700▶ 1800▶ 1900▶ 2000▶

오일러

가우스, 최소제곱법으로 소행성 세레스의 궤도 계산

벡터를 연구한 베일

- 1872년 데데킨트, 〈연속성과 무리수〉에서 실수와 무리수를 '절단' 개념으로 정의
- 1874년 칸토어, 무한집합론에 관한 논문 발표
- 1880년 벤, 벤 다이어그램 고안
- 1884년 피어슨, 수리통계학의 기초 확립
- 19세기 페아노, 자연수 공리계 제시

- 20세기 폴리아, 문제 해결의 단계를 최초 언급
- 20세기 베일, 벡터의 개념 체계화, 좌표에 벡터를 표현
- 1925년 피셔, 추계통계학의 확립
- 1943년 튜링, 암호해독 컴퓨터 콜로서스 개발
- 1950년 내쉬, 균형이론 발표
- 1975년 만델브로트, 프랙탈 이론 확립
- 1976년 하켄·아펠, 4색 문제를 컴퓨터를 이용하여 증명

찾아보기

ㄱ

가우스 분포	123
각뿔	26
거듭제곱	51, 71, 83
거듭제곱근	71
거듭제곱꼴	88
게임이론	215
결합법칙	143
경도	97
경우의 수	74
곡면	131
곡선	131
곡선자	21
곱셈공식	91
공간좌표	94, 96
공리	39
공준	39
공집합	160
교집합	159
교환법칙	143
군(群)	143
균형이론	212
그래프 이론	210
그레고리 페렐만	170
극한	157
근삿값	123
근의 공식	62
기울기	107
기하학	25
기하학 원론	21, 29, 38, 130
꺾은선그래프	115

ㄴ

내부	127
내접	11, 31
뇌터의 정리	186
뇌터환	187

ㄷ

다면체	119
단위길이	19
단위행렬	151
단일곡선	127
단일폐곡선	127
닫혀 있다	185
닫혀 있지 않다	185
닫힌 도형	127
닮음	11, 13, 30
닮음비	11
대수학	52, 184
대원	133
대응	139
대칭	144
데카르트	120
동류항	79
등식의 성질	80
디오판토스	101
디오판토스의 묘비 문제	52

ㄹ

라마누잔	33
라이프니츠	108
로그	87
로그표	87
√ (루트)	16, 155
리만적분	148

ㅁ

마찰전기	13
막대그래프	115
만델브로의 집합	205
망해도법	48
명제	39, 181
명제의 대우	182
명제의 역	182
명제의 이	182
뫼비우스의 띠	127
무리수	17, 40, 155
무한급수	147
무한대	29, 58, 147, 164, 165
무한소수	33, 83
문제 해결의 4단계	189
미분	106
미지수	51
밀레니엄 7대 난제	171
밑	87

ㅂ

바이오리듬	49
방정식	50, 78, 152
배수	34
뱀주인자리	137
벡터양	193
벤 다이어그램	159
보수행렬	213
부등 기호	93
부채꼴	47
부피와 겉넓이	29
분산	174
분수	154
브라마굽타의 공식	59
브리그스	88
비유클리드 기하학	132

ㅅ

4색 문제	208
사각형	23
사분면	96
사이클로이드	111
사이클로콥터	113
사인	48
산술(아리스메티카)	53, 101
산포도	174
3차 방정식	77
삼각법	47
삼각비	48
삼각함수	12, 47
삼각함수표	47
삼각형	23
상용로그	89
샌드위치 정리	29
선형도형	120
성분	151
소수(小數)	83
소수(素數)	34
소인수분해	35, 93
소피 제르맹	187
속도	193
속력	193
수리통계학	172
수열	65
수직선	155
수학적 사고	191
순간속도	106, 107
순서쌍	95
순열	103
순환소수	83
스칼라양	193
스테빈	154
시에르핀스키 삼각형	105, 204
실베스터	153
실수	156
십진법	85
쌍곡선	43
쌍대성	24

ㅇ

아르큐타스	29
아벨군	143
알고리즘	63
알마게스트	48
애너그램	81
앤드루 와일즈	100
약수	34
양수	61, 177
양자암호	203
어림수	123
에니그마	201
에라토스테네스의 체	34
에셔	129
여집합	160
역원	143
역행렬	151
열린 도형	127
영벡터	194
영행렬	151
5차 방정식	142
오일러	33, 138
오일러 경로	135
오일러 회로	135
오일러의 다이어그램	160
오일러의 정리	119, 121
오차	31, 123, 125
완전수	179
외부	127
외접	31
우생학	172
원	18, 22, 43
원기둥	27
원뿔	26, 42
원뿔곡선	43
원소	65, 139
원의 넓이	27
원의 둘레	30
원주율	30, 32, 33
위도	97
위상수학	170
유리수	155
유클리드	28
유클리드 기하학	41
유한소수	83
음수	61, 154, 177
이차방정식	43, 63
이차원 도형	169
이항계수	105
인수	90
인수분해	61, 90, 91
일 세제곱미터	27
일 세제곱센티미터	27
일차원 도형	169
입체도형	23, 120

ㅈ

자연수	165, 176, 177
자연수 공리계	178
작도	18, 19
작도 불능 문제	20
적분	27, 146
전수조사	197
점, 선, 면	15, 23, 169, 195
정17각형	125
정96각형	33
정규분포곡선	114, 117
정다면체	17, 22, 23, 24, 40, 119
정사각행렬	151
정사각형	31
정사면체	24
정수	61, 177

218

정십이면체	24	측정값	123	페르마의 원리	99	현수선	45
정육면체	24	측지선	133	펜타그램	17	호	47
정이십면체	24			평균	115, 173	호제법	40
정팔면체	24	**ㅋ**		평균속도	107	홀수	34, 165, 179
제도기	21	카발리에리	149	평면	131	화이트헤드	183
조합	103	카이사르 암호	201	평면도형	23, 120	확률	74, 102, 117, 172
좌표	94, 95, 195	컴퍼스	18	평면좌표	94	황금분할	29
좌표평면	43, 94	케네스 아펠	208	평행선	39	황금비율	66
죄수의 딜레마	213	케일리-해밀턴 정리	152	포물선	43, 148	히스토그램	115
중력	45, 110	케플러	88	표본조사	197	히파수스	16
중력가속도	111	코발레프스카야	187	표준편차	172		
중심각	47	코사인	48	푸앵카레의 추측	170	**A~Z**	
중앙값	173	콜로서스	203	프랙탈	204, 205	AES 암호	201
지수	71, 87	쾨니히스베르크의 다리 문제		플라톤의 입체도형	24, 29	RSA 암호	93, 201
지수방정식	87		119, 134	플러렌	120	T자	21
직각삼각형	12, 15	큰 수의 법칙	77	피보나치 수열	64, 104		
직선	131			피아치	123		
진법	57, 141	**ㅌ**		피타고라스	39, 179		
진폭	89	타원	43	피타고라스 학파	14, 17		
집합	159, 164, 181	탄젠트	48	피타고라스의 정리	15, 17		
짝수	34, 165, 179	탈레스	13				
		택시기하학	41				
ㅊ		테오메돈	29	**ㅎ**			
차수	79	통계	172	한붓그리기	135		
차원	95, 205	통계학	124, 172, 196	함수	139		
차집합	159			합동	11		
초승달 문제	20	**ㅍ**		합집합	159		
초점	44	파스칼의 삼각형	102	항	65		
최빈값	173	π(파이)	33, 40	항등원	143		
최소제곱법	124	파이데이	33	해밀턴 경로	135		
추상대수학	184	판별식	61	해밀턴 회로	135		
추출	197	패러독스	181	행렬	151		
측량	19	페르마의 마지막 정리	98	현	47		

사진출처

13쪽 위 : Tomisti / 17쪽 위 : Skies / 21쪽 위 : Audriusa / 23쪽 아래 : Hellisp / 25쪽 위 : own work / 29쪽 위 : Cronholm144 / 29쪽 아래 : *굿이미지* / 33쪽 위 : 작자 미상 / 33쪽 아래 : 포토스탁 / 37쪽 위 : Tomisti / 37쪽 아래 : *연합뉴스* / 41쪽 위 : Justus van Gent / 43쪽 아래 : 게티이미지 / 45쪽 위 : Kilom691 / 49쪽 위 : Maksim / 53쪽 위 : Schutz / 57쪽 아래 : 포토스탁 / 63쪽 위 : PD-LAYOUT; PD-RU-EXEMPT / 63쪽 아래 : NASA / 67쪽 위 : Smeira / 67쪽 아래 : *연합뉴스* / 73쪽 위 : Leinad-Z / 73쪽 아래 : i22 / 75쪽 아래 : i22 / 77쪽 위 : Mattes / 77쪽 아래 : Bishonen / 81쪽 위 : Anarkman / 81쪽 아래 : i22 / 85쪽 위 : Koos Jol / 89쪽 위 : 작자 미상 / 89쪽 아래 : i22 / 93쪽 위 : The Deceiver / 97쪽 위 : Dedden / 97쪽 아래 : 게티이미지 / 99쪽 아래 : Schutz / 101쪽 위 : 작자 미상 / 103쪽 아래 : i22 / 105쪽 위 : Anarkman / 107쪽 아래 : 게티이미지 / 109쪽 위 : Sir Godfrey Kneller / 111쪽 아래 : 게티이미지 / 113쪽 위 : Xgoni / 117쪽 위 : 작자 미상 / 117쪽 아래 : 포토스탁 / 121쪽 위 : Haham hanuka / 121쪽 아래 : Nessa Ios / 125쪽 위 : Siegfried Detlev Bendixen / 125쪽 아래 : NASA / 129쪽 위 : Adolf Neumann / 133쪽 위 : Kieff / 137쪽 위 : 작자 미상 / 137쪽 아래 : Fallschirmjager / 139쪽 아래 : 포토스탁 / 141쪽 아래 : 작자 미상 / 145쪽 위 : Johan Gørbitz / 149쪽 위 : Ævar Arnfjorð Bjarmason / 153쪽 위 : Scewing / 157쪽 위 : Le Corbeau / 161쪽 위 : Ilikeliljon / 165쪽 아래 : 포토스탁 / 167쪽 위 : Nicke L / 167쪽 아래 : NASA / 171쪽 위 : Xaukep / 175쪽 위 : Gap / 179쪽 위 : 작자 미상 / 181쪽 위 : Salamander03 / 183쪽 위 : 작자 미상 / 187쪽 위 : 작자 미상 / 189쪽 아래 : i22 / 191쪽 위 : 작자 미상 / 193쪽 아래 : i22 / 195쪽 위 : CC-BY-SA-2.0-DE / 197쪽 아래 : 게티이미지 / 199쪽 위 : PD-OLD-70 / 199쪽 아래 : *굿이미지* / 203쪽 위 : Kurt seebauer / 205쪽 아래 : 게티이미지 / 207쪽 위 : Rama / 209쪽 아래 : Cyhawk / 211쪽 위 : ZooFari / 213쪽 아래 : 포토스탁 / 215쪽 위 : Elke Wetzig

* 위 자료에서 이탤릭체로 표기되지 않은 사진은 Wikimedia Commons에 퍼블릭 도메인으로 공개된 것을 가져온 것입니다. 퍼블릭 도메인은 저작자 사후 70년이 지났거나, 저작자가 사용을 허락한 저작물입니다.
* 혹시 잘못 표기되었거나 저작자의 정보가 누락된 경우, 연락을 주시면 바로 잡도록 하겠습니다.

교과 연계표

차례		분류	교과 과정	
01	탈레스	규칙성과 문제해결	6학년 1학기	7. 비례식
02	피타고라스	수와 연산	5학년 1학기	1. 약수와 배수
03	히포크라테스	측정	4학년 1학기	3. 각도
04	플라톤	도형	5학년 1학기	6. 직육면체와 정육면체
05	에우독소스	도형	6학년 2학기	2. 원기둥과 원뿔
06	아르키메데스	측정	6학년 1학기	5. 원주율과 원의 넓이
07	에라토스테네스	수와 연산	중학교 1학년	소인수분해
08	유클리드	기하	중학교 2학년	명제
09	아폴로니우스	도형	6학년 2학기	2. 원기둥과 원뿔
10	히파르코스	기하	중학교 3학년	삼각비
11	디오판토스	규칙성과 문제해결	6학년 2학기	6. 방정식
12	브라마굽타	수와 연산	중학교 1학년	정수와 유리수
13	무하마드 이븐무사 알콰리즈미	문자와 식	중학교 3학년	이차방정식
14	레오나르도 피보나치	수열	고등학교	등차수열과 등비수열
15	미하엘 슈티펠	수와 연산	중학교 1학년	소인수분해
16	지롤라모 카르다노	확률과 통계	6학년 2학기	5. 경우의 수와 확률
17	프랑수아 비에트	규칙성과 문제해결	6학년 2학기	6. 방정식
18	시몬 스테빈	수와 연산	5학년 2학기	1. 분수와 소수
19	존 네이피어	지수와 로그	고등학교	로그
20	토마스 해리엇	수와 연산	중학교 1학년	소인수분해
21	르네 데카르트	함수	중학교 1학년	순서쌍과 좌표
22	피에르 페르마	규칙성과 문제해결	6학년 2학기	6. 방정식
23	블레즈 파스칼	확률과 통계	6학년 2학기	5. 경우의 수와 확률
24	아이작 뉴턴	다항함수의 미분법	고등학교	미분법
25	야콥 베르누이	측정	6학년 1학기	5. 원주율과 원의 넓이
26	아브라함 드무아브르	확률과 통계	5학년 2학기	6. 자료의 표현과 해석
27	레온하르트 오일러	도형	6학년 1학기	4. 여러 가지 입체도형
28	카를 프리드리히 가우스	수와 연산	중학교 2학년	근삿값
29	아우구스트 뫼비우스	측정	4학년 2학기	5. 평면도형의 둘레와 넓이
30	로바체프스키	도형	4학년 2학기	3. 수직과 평행
31	윌리엄 해밀턴	규칙성과 문제해결	4학년 2학기	8. 규칙 찾고 문제 해결하기
32	페터 디리클레	함수	중학교 1학년	함수
33	닐스 헨리크 아벨	수와 연산	중학교 1학년	집합
34	게오르크 리만	다항함수의 적분법	고등학교	적분법
35	아서 케일리	행렬과 그래프	고등학교	행렬
36	리하르트 데데킨트	수와 연산	중학교 3학년	제곱근과 실수
37	존 벤	규칙성과 문제해결	3학년 2학기	8. 규칙 찾기와 문제 해결
38	게오르크 칸토어	수와 연산	중학교 3학년	제곱근과 실수
39	앙리 푸앵카레	도형	6학년 2학기	4. 여러 가지 입체도형
40	칼 피어슨	확률과 통계	5학년 2학기	6. 자료의 표현과 해석
41	주세페 페아노	수와 연산	1학년 1학기	1. 5까지의 수
42	버트런트 러셀	수와 연산	고등학교	명제와 조건
43	에미 뇌터	측정	4학년 2학기	6. 수의 범위와 어림
44	조지 폴리아	규칙성과 문제해결	초등 전학년	7~8. 문제 푸는 방법 찾기
45	헤르만 베일	벡터	고등학교	벡터와 그 연산
46	로널드 피셔	확률과 통계	5학년 2학기	6. 자료의 표현과 해석
47	앨런 튜링	수와 연산	중학교 1학년	소인수분해
48	베누아 만델브로트	도형	5학년 2학기	3. 도형의 대칭
49	볼프강 하켄	규칙성과 문제해결	3학년 2학기	8. 규칙 찾기와 문제 해결
50	존 내쉬	행렬과 그래프	고등학교	행렬